d

Bernhard Schlink

Gedanken über das Schreiben

*Heidelberger
Poetikvorlesungen*

Diogenes

Inhalt

Über die Vergangenheit schreiben

Alles Schreiben ist Schreiben über die Vergangenheit. Ich kann nur über das schreiben, was ich kenne, und ich kenne nur, was schon geschehen und also vergangen ist. Auch wenn ich über die Zukunft schreiben wollte, könnte ich nur extrapolieren, was bereits geschehen ist. Wenn ich über die Gegenwart schreibe, bleibt die Gegenwart doch nicht Gegenwart. Ich halte, was um mich in Bewegung ist und worin ich in Bewegung bin, an, und schon ist es zur Vergangenheit geworden, während die Gegenwart sich fort- und fortbewegt.

Zwar wird zwischen historischen Romanen, Gegenwartsliteratur und Science-Fiction unterschieden. Aber die unterschiedliche Nähe oder Ferne zur Gegenwart, die damit angesprochen wird, ist vordergründig. Die Gestalten historischer Romane sind heutige Gestalten in gestrigem Gewand, und in den Möglichkeiten der Zukunft, mit denen Science-Fiction spielt, spiegeln sich die Hoffnungen und Ängste der Gegenwart. Die Unterscheidung zwischen den genannten Gattungen dient, wie die zwischen dem Liebes-, dem Gesellschafts- und dem Kriminalroman, der Orientierung der Leser und Leserinnen, die an verschiedenen Stoffen Gefallen finden und wissen wollen, zu welchen Büchern sie greifen sollen.

Es gibt aber nicht nur die vordergründigen Unterschiede der Distanz zur Gegenwart. Es macht einen wesentlichen Unterschied, ob über eine ferne Vergangenheit geschrieben wird oder über die junge und jüngste Vergangenheit, die Vergangenheit des Dritten Reichs und der DDR, deren Schatten auf die Gegenwart fällt, deren Verbrechen nicht vergeben und nicht vergessen sind und deren Opfer unter uns leben. Weil die Opfer damals nicht gehört und gesehen wurden, wollen sie ihre Wahrheit heute anerkannt, ausgesprochen und dargestellt haben. Weil ihnen die Menschenwürde damals abgesprochen wurde, wollen sie ihrer Menschenwürde heute versichert werden. Weil sie in der und durch die Vergangenheit traumatisiert wurden, wollen sie bei der Beschäftigung mit der Vergangenheit ihr Trauma respektiert sehen. Sie haben Erwartungen, wenn über die Vergangenheit geschrieben wird. Können diese Erwartungen vernachlässigt oder muss ihnen genügt werden?

Die Frage, über die ich in dieser Vorlesung sprechen werde, ist, ob es für das Schreiben über diese besondere Vergangenheit besondere Regeln gibt. Gewiss, einen Anspruch auf Achtung ihrer Person machen auch Menschen geltend, die sich in einem Gegenwartsroman bloßgestellt finden. Aber anders als die Achtung der Person, die jedem Menschen geschuldet wird, reicht die Anerkennung der erlittenen Vergangenheit über den Einzelnen hinaus. Das kollektive Schicksal der Vergangenheit ist derart Teil der individuellen Identität der Opfer geworden, dass diese es mit ihrem individuellen Schicksal angemessen dargestellt sehen wollen. Sie empfinden die Verzerrung nicht nur ihrer persönlichen Vergangenheit als verletzend, sondern der Vergangenheit insgesamt.

Die Frage, ob es für das Schreiben über diese besondere Vergangenheit besondere Regeln gibt, lässt sich weiten: Gibt es besondere Regeln für allen künstlerischen Umgang mit dieser besonderen Vergangenheit, in der Literatur, auf der Bühne und im Film, im Bild und in der Skulptur? Vermutlich gilt, was für das Schreiben gilt, ähnlich auch für die anderen künstlerischen Gestaltungen. Ich beschränke mich auf die Literatur, bei gelegentlicher Berücksichtigung des Films. Das ist, was mich betrifft und beschäftigt. Auch wenn ich nicht über die junge und jüngste Vergangenheit geschrieben habe, sondern darüber, wie sie in unsere Gegenwart hineinragt und uns belastet und herausfordert – das Schreiben hierüber ist dem Schreiben über die junge und jüngste Vergangenheit hinlänglich benachbart.

2

Eine einleuchtende Anwartschaft darauf, Regel für das Schreiben zu sein, hat die Forderung, Literatur müsse wahrhaftig sein. Aber was ist Wahrheit in der Literatur? Ist es, dass die Tatsachen, die die Literatur präsentiert, geschehen sind oder hätten geschehen können? Wie steht es, wenn Literatur gar nicht beansprucht, Tatsachen zu präsentieren? Wenn sie ein Märchen, eine Komödie, eine Satire bietet und sich gewissermaßen definitionsgemäß nicht auf das beschränkt, was geschah oder hätte geschehen können? Dürfen Autoren Märchen, Komödien und Satiren über alles schreiben, sogar über den Holocaust? Theodor Adornos berühmter Satz von 1951, es sei barbarisch, nach Auschwitz ein Gedicht zu schreiben, schließt gewiss Gedichte über Auschwitz und erst recht Auschwitz-Komödien oder -Satiren ein. Gibt es

Ereignisse, die so schwer und so ernst sind und den Grund, auf dem und aus dem wir leben, so erschüttern, dass sie nur dokumentiert und allenfalls dann fiktionalisiert werden dürfen, wenn die Fiktionalisierung präsentiert, was geschah oder hätte geschehen können?

Ich habe diese Auffassung öfter gehört und gelesen, aber ich glaube nicht, dass sie wörtlich genommen werden darf. Ein Märchen, eine Komödie, eine Satire kann einem die Augen für die Wahrheit so nachhaltig öffnen, wie ein dokumentarischer Bericht es kann; und Literatur, die zwar ausschließlich präsentiert, was geschah, aber auslässt, was auch noch geschah, kann einen Schein von Wahrheit erzeugen, der tatsächlich die Wahrheit verfälscht. Der Auffassung, dass bestimmte Ereignisse nicht fiktionalisiert oder nur so fiktionalisiert werden dürfen, dass präsentiert wird, was geschah oder hätte geschehen können, kann es eigentlich nicht um das Genre gehen, nicht um Dokumentation im Unterschied zu Fiktion, nicht um diese Art von fiktionaler Literatur im Unterschied zu jener. Es muss ihr um Authentizität in einem tieferen Sinn gehen.

Hinter der Ablehnung der Fiktionalisierung des Holocaust oder seiner Fiktionalisierung in bestimmten literarischen Genres scheint mir die

Sorge zu liegen, die volle Wahrheit könne verlorengehen. Es ist die Sorge, dass die Wahrheit sich nicht nur verflüchtigt, wenn Autoren mit guter oder schlechter Absicht ihre Erfindungen an die Stelle des historischen Geschehens setzen, sondern auch wenn sie sich auf wahre, aber einzigartige und außergewöhnliche Aspekte dessen konzentrieren, was geschah. Selbst wenn einmal eine Rettung vor der Verfolgung märchenhaft geglückt sein mag, selbst wenn sich in Auschwitz ein lustiger Vorfall ereignet haben mag, selbst wenn es einen ss-Offizier gegeben haben mag, der zur Gestalt einer Satire taugt – liefe der Leser oder Zuschauer eines entsprechenden Romans oder eines entsprechenden Films nicht Gefahr zu vergessen, dass die Wirklichkeit eigentlich ganz anders war? Ich glaube, dass diese Sorge hinter der Auffassung steht, ein Ereignis wie der Holocaust dürfe nur dokumentiert, aber nicht fiktionalisiert oder nur in bestimmter Weise fiktionalisiert werden. Es ist die Sorge um die volle Wahrheit.

In der Tat, eine gute Dokumentation kann uns die volle Wahrheit verstehen lassen – erinnern wir uns nur an Claude Lanzmanns *Shoa*. Gute Fiktionalisierung kann dasselbe leisten und einzelne Momente so fassen, dass darin das große Bild sichtbar wird – denken wir nur an die Literatur von Primo Levi und Imre Kertész. Und Fiktionalisierung kann darin scheitern. Ich jedenfalls konnte das große Bild nicht finden in Roberto Benignis Filmkomödie *Das Leben ist schön* über einen jüdischen Vater und seinen Sohn, die in ein Konzentrationslager gebracht werden, wo der Vater seinen Sohn glauben macht, hier werde ein kompliziertes Spiel mit komplizierten Regeln gespielt, und der Sohn die Regeln meistert und das Spiel gewinnt und den Preis kriegt: einen amerikanischen Panzer. Ich verstehe die Kritik, die gegen den Film vorgebracht wurde: Mit seiner Nahsicht auf Vater und Sohn und mit seiner Komödienverspieltheit habe er den Blick auf die Furchtbarkeit des Holocaust verstellt.

Aber aus der Sorge um die volle Wahrheit zu fordern, lediglich bestimmte Genres seien legitim, ist kleingläubig. Die Forderung, künstlerische Darstellungen des Holocaust müssten stets die volle Wahrheit, das ganze Bild sichtbar werden lassen, zeugt von zu wenig Vertrauen in die Fähigkeit der Leser und Zuschauer, selbst das ganze Bild herzustellen. Heute ist eine solche Fülle von Dokumentationen, wissenschaftlichen Darstellungen und Analysen, Romanen und Erzählungen, Stücken und Filmen zum Holocaust erschienen, dass es kein Problem ist, wenn einzelne Werke nur einzelne Momente und Aspekte dessen darstellen, was damals geschah. Das ganze Bild ist ohnehin präsent. Wenn Roberto Benignis Film *Das Leben ist schön* oder John Boynes Buch und Film *Der Junge im gestreiften Pyjama* oder Radu Mihaileanus Film *Zug des Lebens* das ganze Bild verfehlen, ist das schade. Aber der Sorge um die volle Wahrheit muss es kein Anstoß und Ärgernis sein.

Überdies hätte die Forderung, der Holocaust dürfe nicht zum Märchen, zur Komödie, zur Satire oder sonstwie reduziert werden, wenn sie als soziale Norm akzeptiert und sanktioniert würde, einen kontraproduktiven Effekt. Mehr als alles andere würde sie den Wunsch wecken, zu provozieren und zu skandalisieren. Und sie würde Spott und Häme im Verborgenen erzeugen.

Soziale Normen, die begrenzen, was gesagt, geschrieben, gezeigt werden darf, haben immer ihren Preis. Deutschland hat, wie andere Länder, das Verbot der Leugnung des Holocaust nicht nur als soziale Norm etabliert, sondern zur Rechtsnorm und die Leugnung zur Straftat gemacht. Das Gesetz will zum Ausdruck bringen, dass unsere Gesellschaft sich der Vergangenheit stellt – ihren eigenen Angehörigen und den Angehörigen anderer Gesellschaften gegenüber. Es will auch die Juden schützen, für die die Wahrheit des Holocaust ein integraler Bestandteil ihrer individuellen und kollektiven Identität geworden ist. Eine Wirkung der Normierung als Straftat ist allerdings, dass die, die den Holocaust leugnen, es nicht mehr auf schlichte Weise tun, sondern dass sie, was geschah, auf subtile Weise minimalisieren. Vor einer Weile fiel mir der Ausdruck einer entsprechenden Internetseite in die Hände, die, wie ich herausfand, die Polizei bereits kannte, gegen die sie aber nichts tun konnte, weil zu geschickt argumentiert wurde. Der Holocaust wurde nicht einfach geleugnet, vielmehr wurden Tatsachen präsentiert und Fragen folgender Art gestellt: Während die Gräber aller großen Massaker des letzten Jahrhunderts gefunden wurden, von Katyn über Kambodscha bis Kosovo, wurden von den von Deutschen in Osteuropa ermordeten Juden bei weitem nicht genug Gräber gefunden, um die offizielle Zahl ermordeter Juden zu stützen – wie also rechtfertigt sich die Zahl? Ich habe die Internetseite mit meinen Studenten gelesen, alle zeitgeschichtlich interessiert und engagiert, und sie fanden es alles andere als einfach, die Argumente zu parieren. Hier ist die Verfälschung der Wahrheit, die nicht leicht zu belegen und zu widerlegen ist, der Preis dafür, dass die Norm begrenzt, was gesagt, geschrieben, gezeigt werden darf. Vielleicht ist die Begrenzung den Preis wert. Ich sehe, was dafür, sehe aber auch, was dagegen spricht.

3

Eine gängige Fassung der Forderung, Literatur müsse die volle Wahrheit bieten, ist die Forderung, Literatur müsse typisch oder repräsentativ sein. Danach soll der deutsche Lehrer in einem Buch über einen jüdischen Schüler im Dritten Reich die typischen Merkmale eines deutschen Lehrers der damaligen Zeit haben; ein ss-Offizier in einer Geschichte über Verfolgung und Vernichtung soll der typische ss-Offizier sein; in einer Geschichte über eine deutsche Familie, die einem Juden hilft, soll klar sein, dass eine derartige Hilfe die Ausnahme war; wenn ein Film die Leiden einer jüdischen Familie zeigt, soll er nicht mit einem ganz und gar unwahrscheinlichen Happyend enden.

Gewiss, ein untypischer Protagonist, eine nichtrepräsentative Situation, eine außergewöhnliche Wendung von Ereignissen können in einer Weise dargeboten werden, die die Wahrheit entstellt. Aber es kann gute Gründe geben, solche Geschichten gleichwohl zu mögen. Erinnern Sie sich an Henckel von Donnersmarcks Film *Das Leben der Anderen*? Der Stasioffizier, der beim Ausspionieren eines Schriftstellers dessen Leben zu bewundern, die Schönheit der Kunst zu lieben und den Wert der Freiheit zu schätzen lernt, der einsieht, dass, was er tut, schlecht ist, und dem Schauspieler schließlich hilft, ist eine Märchengestalt. Der Film entstellt die Wahrheit. Aber er wurde begeistert aufgenommen, in Deutschland und auch in anderen Ländern. Er erzählt das Märchen, dass im Bösen auch ein Gutes ist, das wir entdecken und ergreifen können, wenn wir nur wollen. Das Märchen half, die immer noch geteilten Ost- und Westdeutschen miteinander zu versöhnen, und lud auch die Zuschauer anderer Länder ein, ihren Frieden mit den Schrecken der Vergangenheit zu machen. Seine heilende Botschaft war unwiderstehlich.

Oft ist es auch gar nicht die Darstellung eines untypischen Protagonisten, die die Wahrheit entstellt, sondern die Schaffung eines allzu typischen. Wo es einen Typus nicht gibt, kann die Wahrheit durch Schaffung eines Stereotyps entstellt werden. Propagandafilme machen das. In Veit Harlans Film *Jud Süß* wird ein Jude, der einen deutschen Staat im 18. Jahrhundert zuerst finanziert und dann ruiniert, zum Stereotyp des Juden entstellt und werden die Deutschen, die anständig und geduldig leiden, bis sie schließlich zu Aufstand und Kampf getrieben werden, als die typischen Deutschen dargestellt. Die Wildwestfilme der 50er Jahre zeigen alle Indianer gleich: bunt, laut, leicht betrunken, gerne grausam und, wenn es zum Schwur kommt, weder so anständig noch so tapfer wie der weiße Mann; sie schufen ein Stereotyp des Indianers.

Die Gefahr der Schaffung von Stereotypen mag sogar größer sein als die Gefahr der Vernachlässigung des Typischen. Denn die Welt ist eher vielfältig als einförmig. Individuen, selbst wenn sie zur selben Nation, zur selben Ethnie und zur selben Religion gehören, sind eher vielfältig als einförmig. Güte ist eher vielfältig als einförmig. Schlechtigkeit ist eher vielfältig als einförmig. In seinem Roman *Die Wohlmeinenden,* sowohl gepriesen als auch kritisiert in seiner provozierenden und skandalisierenden Kraft, schildert Jonathan Littell die Karriere und das innere Leben eines ss-Offiziers, weil er, wie er in einem Interview erklärte, herausfinden wollte, wie das Innere der Schlechtigkeit aussieht. Aber das Innere der Schlechtigkeit ist so vielfältig, wie es schlechte Menschen gibt; nur die schlechten Handlungen gleichen einander. Hatte ein Soldat mit dem ersten Mord die Linie überschritten, die das Morden vom Kämpfen unterscheidet, war jeder weitere Mord nur eine zusätzliche Zahl. Die Linie wurde aus allen möglichen Gründen überschritten: Die einen fanden es aufregend und die anderen erforderlich, und wieder andere dachten gar nicht; manche machten einfach, was die anderen machten, manche glaubten an Befehle, weil es Befehle waren, manche waren gewohnt, Befehlen zu gehorchen, manche hatten Angst, Befehlen nicht zu gehorchen, manche fanden richtig, dass die Juden getötet wurden, manche waren betrunken, manche fanden das Morden einfacher als das Kämpfen, manche fanden es weniger gefährlich und so weiter und so fort. Die psychischen Dispositionen, die sie die Linie aus verschiedenen Gründen überschreiten ließen, waren so verschieden wie die Gründe selbst. Den typischen Bösewicht zu präsentieren ist so vereinfachend und irreführend wie die Schaffung jedes anderen Stereotyps.

Ich verstehe den Wunsch nach einer Welt, in der die, die monströse Verbrechen begehen, Monster sind. Wir alle haben die tiefsitzende Erwartung, dass das Verhalten und der Charakter einer Person, ihr Verhalten in einem Kontext und ihr Verhalten in einem anderen Kontext, ihre äußere und ihre innere Erscheinung zueinander passen. Was auch immer die soziologische Rollentheorie uns lehrt – zutiefst leben wir mit der alten Vorstellung von personaler Identität als Einheit von Charakter, Verhalten und Erscheinung. Unsere Sprache verrät es, wenn wir über jemanden sagen, er sei ein schöner, aber ein schlechter Mensch, er sei herzlich, aber egoistisch, kultiviert, aber amoralisch. Wir reden nicht leicht über Menschen als schön und schlecht, herzlich und egoistisch, kultiviert und amoralisch.

4

Aber die Welt ist voll von dieser Spannung. Sie nicht anzuerkennen ist vereinfachend und irreführend. Mir ist dieser Punkt so wichtig, weil meine Generation wieder und wieder erlebte, dass jemand, den wir respektiert und gemocht hatten, an den Furchtbarkeiten des Dritten Reichs beteiligt war. Ich denke an meinen Englisch- und Turnlehrer, einen wunderbaren Lehrer, dem ich die frühe Liebe zur englischen Sprache verdanke und auch eine frühe Einsicht in die relative Bedeutung der Gerechtigkeit. Als ich mit fünfzehn am Ende des Schuljahrs eine Englischnote bekam, die deutlich schlechter war als die Noten, die ich im Lauf des Schuljahrs bekommen hatte, forderte ich eine Erklärung. »Schlink«, sagte er, »solange du dir im Turnen nicht mehr Mühe gibst, kriegst du auch im Englischen keine bessere Note.« Ich fand das ungerecht, und es war ungerecht, aber es zeigte die kluge Einsicht eines alten Pädagogen in die Seele seines jungen Schülers. Ich war ein arroganter kleiner Intellektueller und sah keinen Grund, warum ich mich in Leibesübungen anstrengen sollte. Jetzt sah ich einen und lernte den Felgauf-, -um- und -unterschwung am hohen Reck. Während des Turnunterrichts sahen wir Schüler die Tätowierung auf seinem Arm, die ss-Angehörige trugen und die die Blutgruppe anzeigte. Aber es war in den 50er Jahren, und wir glaubten noch, dass die Waffen-ss eine Eliteformation und dass nur die Konzentrationslager-ss schlecht gewesen sei. Selbst wenn wir es besser gewusst hätten, hätten wir uns nicht vorstellen können, dass unser Lehrer an den Furchtbarkeiten des Dritten Reichs beteiligt war. Aber er war es. Jahre nach seiner Pensionierung kam es heraus. Ich kann meinem Lehrer für das, was er mich gelehrt hat, darum nicht weniger dankbar sein.

Ich erinnere mich auch an die Nächte, in denen ich in den 60er Jahren als Student bei Grünzweig & Hartmann in Ludwigshafen arbeitete. Ich hatte eine Zwölf-Stunden-Schicht, arbeitete am einen Tag von sechs bis achtzehn Uhr, hatte vierundzwanzig Stunden frei und arbeitete in der nächsten Nacht von achtzehn bis sechs Uhr. Meine Kollegen, die alle im Zweiten Weltkrieg gekämpft hatten, waren durchweg freundlich, umgänglich und hilfsbereit. In den nächtlich-morgendlichen Stunden zwischen zwei und fünf fingen sie manchmal an, über den Krieg und darüber zu reden, wann und wo sie was gemacht hatten. Manche ließen dabei, ohne dass sie über Details gesprochen hätten, erkennen, dass sie an furchtbaren Sachen beteiligt waren, die sie weder verdrängen noch vergessen konnten. Ich bin sicher, dass sie auch in den Jahren des Krieges, wenn sie mit ihren Familien und Freunden zu Hause waren, dasselbe freundliche Gesicht trugen, mit dem ich sie bei der Arbeit erlebte.

Und ich erinnere mich an den Professor, dessen Vorlesungen ich im dritten Jahr meines Studiums besuchte und durch den ich lernte, dass das Studium des Rechts mehr bietet als das Studium von Artikeln, Paragraphen und Gerichtsentscheidungen, dass die Welt des Rechts ein reiches intellektuelles Universum ist und Philosophie, Geschichte und Soziologie einschließt. Nach meinem Examen begann ich, die juristische Literatur des Dritten

Reichs zu lesen, die während meiner Studienjahre im Juristischen Seminar im sogenannten Giftschrank weggeschlossen war und nun als Konzession an das Aufbegehren des Jahres 1968 allgemein zugänglich gemacht wurde. Da fand ich sie, die Schrift des Professors über den totalen Staat, dessen notwendige Homogenität und den notwendigen Ausschluss des anderen, des Juden.

Nein, sich an das Typische zu halten ist ebenso wenig eine Gewähr für die Wahrheit wie es zu vermeiden. Vielleicht kommt die Forderung, Fiktionalisierungen müssten repräsentativ sein und typische Personen und typische Situationen darstellen, auch weniger aus der Sorge um die Wahrheit als aus dem Bedürfnis, ein bestimmtes Bild der Ereignisse zu bewahren und zu beschützen. Vielleicht verbindet sich dem Bedürfnis die Furcht, über die Deutschen als Opfer zu schreiben könnte das Bild der Deutschen als Täter beeinträchtigen, über die Kollaboration in den von Deutschen besetzten Ländern zu schreiben könnte die deutsche Verantwortung relativieren, über die Judenräte zu schreiben könnte das Bild des jüdischen Leidens beeinträchtigen und so weiter. Ich verstehe das Bedürfnis. Es ist das Bedürfnis, aus dem wir Mythen und Märchen erzählen. Aber ich bleibe dabei, dass ich das Verdrängen und Unterdrücken der Spannung, die die Wirklichkeit für uns enthält, für falsch halte. Deutsche waren Täter *und* Opfer, die Menschen in den besetzten Ländern wurden unterdrückt *und* haben kollaboriert, Juden haben gelitten *und* waren beteiligt. Was bewahrt und beschützt werden muss, ist nicht ein reduziertes, sondern ein vollständiges Bild, in dem die Beteiligung der Judenräte nicht verschwiegen, sondern erklärt wird, in dem die Tatsache, dass Deutsche Opfer waren, nicht für Relativierungen und Entschuldigungen benutzt wird und in dem Kollaboration wie Widerstand als Begleiterscheinung jeder Besatzung gesehen wird. Auch lieb und teuer gewordene Vorstellungen können nicht vor der Wahrheit geschützt werden, und man schützt die Wahrheit nicht, wenn man die Darstellung auf das Typische beschränkt. Das Atypische ist ebenso Teil der Wahrheit – solange es als das dargestellt und erklärt wird, was es ist: atypisch.

Noch mal: Ich verstehe den Wunsch, eine lieb und teuer gewordene Vorstellung von Ereignissen der Vergangenheit zu bewahren. Es ähnelt dem Bedürfnis, Mythen und Märchen zu erzählen und zu bewahren. Sie können guten Zwecken dienen; *Das Leben der Anderen* war für unser immer noch geteiltes Land das richtige Märchen zur richtigen Zeit. Märchen können uns inspirieren, und Gründungsmythen können Nationen und Institutionen zusammenhalten. Aber sie können es, auch ohne den Anspruch zu erheben, die volle Wahrheit zu sein. Sie verlieren ihre Kraft im hellen Licht der Wahrheit nicht.

Zu Beginn der Vorlesung habe ich nicht nur die erwähnt, die ihre Wahrheit anerkannt sehen wollen, die Wahrheit des Holocaust oder des Konzentrationslagers oder der Zwangsarbeit oder der Bespitzelung und Verfolgung durch die Staatssicherheit. Ich habe auch die erwähnt, die ihr Trauma respektiert wissen und ihrer Würde versichert werden wollen. Muss Literatur über den Holocaust nicht nur wahr, sondern auch respektvoll und heilend sein? Ich glaube nicht. Ich glaube, Wahrheit ist der einzige Respekt, das einzig Heilende, das von Literatur gefordert werden kann. Ja, gerade Mythen und Märchen können Respekt ausdrücken und eine heilende Wirkung haben. Aber sie können nicht gefordert und konstruiert werden. Sie glücken, oder sie glücken nicht.

Was also bedeutet es, dass Literatur wahr ist? Literatur ist wahr, wenn sie darstellt, was geschah oder hätte geschehen können. Auch als Komödie oder Satire, als Mythos oder Märchen kann sie unsere Augen für das öffnen, was geschah oder hätte geschehen können. Was sie darstellt, muss nicht die volle Wahrheit sein; ein winziges Element der Wahrheit reicht, solange es nicht vorgibt, mehr zu sein, als es ist.

5

Es versteht sich, dass die Darstellung dessen, was geschah oder hätte geschehen können, nicht alles ist, was Literatur leistet. Wir lesen Literatur nicht nur und nicht einmal in erster Linie um der Tatsachen willen, die sie darstellt. Wir wollen, dass Literatur uns unsere Wirklichkeit erklärt und dass sie uns einlädt, uns in andere Wirklichkeiten hineinzuversetzen, die nicht die unseren sind. Wir lesen, weil wir das Leben derer, über die wir lesen, teilen wollen. Wir wollen mit ihnen fühlen, mit ihnen leiden und kämpfen und siegen, lieben und hassen, bewundern und verachten, trauern und uns freuen. Manchmal berühren uns die, über die wir lesen, derart, dass wir uns in sie verlieben oder sie hassen. Letztlich lesen wir, weil wir in der Begegnung mit den Geschehnissen und Gestalten der Literatur erfahren, wer wir selbst sind.

Obwohl die Komposition dieser fiktiven Wirklichkeiten mit ihren fiktiven Situationen, Personen und Handlungen etwas anderes als die Darstellung von Tatsachen ist, erlebe ich sie als etwas, das wahr sein muss. Neben der Wahrheit, die sich der Darstellung dessen verdankt, was geschah oder hätte geschehen können, gibt es noch eine andere Wahrheit. Ich weiß nicht genau, was es mit dieser Wahrheit auf sich hat, wie ich sie definieren, verifizieren und falsifizieren soll. Ich erlebe sie als ein Gefühl, das sich einstellt, wenn eine Geschichte, über die ich nachgedacht habe, mit der ich gespielt habe, über die ich noch ein bisschen mehr nachgedacht und mit der ich noch ein bisschen mehr gespielt habe, schließlich bereit ist, geschrieben zu werden. Das Gefühl ist so stark, wie wenn ich einen Sachverhalt ausgiebig und sorgfältig recherchiert und schließlich bestätigt gefunden habe. Das Gefühl hat nichts damit zu tun, dass etwas Autobiographisches oder eine andere wahre Tatsache in der Geschichte steckt, die ich erzählen will. Es hat nichts mit einer Botschaft zu tun, die ich mitteilen wollte und von der ich dächte, endlich könnte ich sie erfolgreich mitteilen, und nichts mit einer anderen Absicht. Es ist das absichtslose Gefühl: Jetzt stimmt die Geschichte, jetzt kann ich sie erzählen. Es fühlt sich an, als hätte ich die Wahrheit gefunden.

Das Gefühl der Wahrheit, das ich zu beschreiben versuche, ist nicht nur absichtslos; jede andere

Absicht als die, die Geschichte zu erzählen, entzieht dem Gefühl die Grundlage. Einmal in meinem Leben, es ist viele Jahre her, hatte ich eine andere Absicht als die, eine Geschichte zu erzählen. Eine Frau, die ich liebte, hatte mich verlassen. Ich hoffte, sie zurückzugewinnen, und um Gott auf meiner Seite zu haben, versprach ich ihm, etwas zu seinem Preis zu schreiben, wenn er mir helfen würde – wie Franz Werfel *Das Lied von Bernadette* zum Dank für das Erreichen Amerikas schrieb. Ich habe dann angefangen, über eine solche Geschichte nachzudenken, und kam auf alle möglichen Ideen, aber auf keine Geschichte, die etwas getaugt hätte. Die Absicht hat alle kreative Phantasie zerstört. Ich will nicht so weit gehen zu sagen, dass ich froh war, dass die Frau nicht zu mir zurückkam, aber ich war doch erleichtert, dass da kein Versprechen war, das ich halten musste. Das Erzählen der Geschichte verträgt keine andere Absicht als die, die Geschichte zu erzählen und sie wahrhaftig zu erzählen. Dabei denke ich an die Wahrheit, von der ich zuerst sprach und die sich gut definieren lässt: Wahrheit, die darstellt oder auf andere Weise unsere Augen für das öffnet, was geschah oder hätte geschehen können. Aber ich denke ebenso an die Wahrheit, von der ich dann sprach und die ich nicht definieren und für die ich kein anderes Kriterium angeben kann als mein Gefühl.

Wahrheit in beiderlei Sinn ist die einzige Verpflichtung, die ich für Literatur über den Holocaust oder über eine andere furchtbare Vergangenheit sehen kann. Um genauer zu sein: es ist die einzige Verpflichtung, die ich für mich selbst sehe. Ich kann und will niemandem verbieten, Mythen und Märchen über den Holocaust zu schreiben. Allerdings ist das Spiel mit der Wahrheit, das dem Schreiben von Mythen und Märchen innewohnt, gefährlich. Märchen können auf Kosten anderer geschrieben werden, die Wahrheit, die ausgelassen oder verändert wird, kann eine Wahrheit sein, die für jemanden anders aus gutem Grund wichtig ist. Daher habe ich verstanden, dass *Das Leben der Anderen* von Menschen kritisiert wurde, die sich verletzt fühlten; sie hatten unter Stasiverfolgungen gelitten und fanden die Welt der Stasiverfolgungen und damit auch ihr eigenes Leid verniedlicht und verharmlost. Zugleich verstehe ich das Argument, das zugunsten des Regisseurs angeführt wurde: Das Märchen des Films hat so viel Gutes getan, und die Opfer der Stasiverfolgungen sind schon so oft anerkannt worden, dass ihre Verletzung durch den Film toleriert werden kann. Aber dieses Gewichten und Abwägen von Interessen und Verletzungen ist heikel. Eine aufregende Geschichte zu erzählen kann einen in die Versuchung führen, jemandes anderen Verletzung leichtfertig hinzunehmen.

6

Die Überlegungen, die ich vorgetragen habe, wurden durch kritische Fragen ausgelöst, die mir lange nach dem Schreiben gestellt wurden. Wenn ich über den Schatten, den die junge und jüngste Vergangenheit in die Gegenwart wirft, geschrieben habe, hat mich zwar beschäftigt, ob meine Geschichten in dem gekennzeichneten doppelten Sinn stimmten. Aber ich habe keine Überlegungen zu besonderen Regeln beim Schreiben über diese besondere Vergangenheit angestellt. Nicht einmal jetzt, nachdem ich sie angestellt und vorgetragen habe, kann ich mit Gewissheit sagen, dass sie mich begleiten werden, sollte ich wieder über diese besondere Vergangenheit schreiben. Erkenntnistheoretiker unterscheiden zwischen dem Entdeckungs- und dem Rechtfertigungszusammenhang, der Entdeckungs- und der Rechtfertigungslogik. Ich glaube, dass nicht nur ich, sondern die meisten Autoren im Entdeckungs- und nicht im Rechtfertigungszusammenhang schreiben. Das Rechtfertigen, das Suchen nach Regeln und das Ziehen von Grenzen kommen allenfalls später, und erst für die Vorlesung habe ich versucht, mich der Grenze zwischen moralisch mehr und moralisch weniger akzeptablen fiktionalen Darstellungen der Vergangenheit zu vergewissern.

Ich glaube, so ist es auch mit allen anderen Grenzen zwischen moralisch akzeptablen und moralisch inakzeptablen fiktionalen Darstellungen anderer Menschen und ihrer Leben. Die Vergewisserung ihres Verlaufs geschieht erst, wenn die Bücher geschrieben sind. Ich habe den Straftatbestand zur Leugnung des Holocaust erwähnt; lassen Sie mich einen anderen Versuch des deutschen Rechts erwähnen, aus etwas Unmoralischem etwas Rechtswidriges zu machen. Aus Art. 1 Grundgesetz, dem Schutz der Menschenwürde, wird gefolgert, dass Art. 5 Grundgesetz, die Freiheit der Kunst, die Grenze da findet, wo jemand in einer sein Persönlichkeitsrecht verletzenden Weise falsch dargestellt wird. 1971 hat das Bundesverfassungsgericht entschieden, dass Klaus Manns Roman *Mephisto* nicht veröffentlicht werden dürfe, weil die rücksichtslose Karriere des diabolischen Protagonisten im Dritten Reich dem Leben des Schauspielers Gustav Gründgens nachempfunden war und in ihrer negativen Schilderung dessen Persönlichkeitsrecht verletze. 2007 entschied das Bundesverfassungsgericht, dass Maxim Billers Roman *Esra* nicht veröffentlicht werden dürfe, weil er in der Schilderung der weiblichen Hauptperson derart in das Privateste und Intimste der ehemaligen Freundin des Autors eindringe und es bloßstelle, dass auch ihr Persönlichkeitsrecht verletzt sei. Beide Entscheidungen fanden große öffentliche Aufmerksamkeit und wurden auch juristisch heftig diskutiert. Auch ich habe Zweifel, ob das Recht sich derart in die Kunst einmischen sollte, vor allem weil es, da der Medienrummel das Opfer allemal bloßstellt, das Persönlichkeitsrecht letztlich nicht schützen kann.

Aber ich habe niemanden getroffen, mit dem es einen Dissens über den moralischen Aspekt der beiden Fälle gegeben hätte. Klaus Mann hatte die Grenze zwischen dem, was moralisch annehmbar und was moralisch unannehmbar war, nicht überschritten; seine Schwester war mit Gründgens verheiratet gewesen und von diesem gedemütigt worden, er und die Schwester mussten Deutschland verlassen, während Gründgens in Deutschland rücksichtslos Karriere machte. Überdies war Gründgens stark genug, selbst für sein Bild in der Öffentlichkeit und auch in der Nachwelt zu sorgen. Maxim Billers Protagonistin konnte sich nicht in gleicher Weise wehren, und sie hatte nichts getan, was die gehässige und bösartige Bloßstellung ihrer Person gerechtfertigt hätte. Und während von den normalen Leserinnen und Lesern des *Mephisto* kaum einer bei seiner Lektüre an Gründgens, der schon 1963 gestorben war, gedacht hatte, hatte Biller selbst den Medienrummel erzeugt, der jedermann wissen ließ, dass *Esra* ein Buch über seine ehemalige Freundin war. Er verteidigte, was er geschrieben hatte, unter Berufung auf die Freiheit der Kunst, tat es aber in so schrillem Ton, dass ich den Eindruck gewann, er wusste, dass er die Linie überschritten hatte. Auch wenn sie eher gefühlt als gewusst wurde – die moralische Seite der Sache war klar, ohne dass es eines schwierigen Gewichtens und Abwägens von Interessen des Autors und Verletzungen der beschriebenen, der benutzten Person bedurft hätte.

Beim Schreiben, wie in den anderen Bereichen des Lebens, versteht sich das Moralische meistens von selbst. Nicht dass es darum auch befolgt würde. Aber ich kann mir nicht vorstellen, dass ein Autor, der eine lebende Person zum Vorbild für eine literarische Gestalt nimmt, kein Gefühl für das hat, was der lebenden Person an Erkennbarkeit zuzumuten ist und was ihr nicht zuzumuten ist. Gleichwohl mag das Schreiben mit dem Autor gewissermaßen durchgehen, mag ihm eine literarische Gestalt erkennbarer geraten, als der lebenden Person zumutbar ist, und zugleich so gut gelingen, dass er sich um die Unzumutbarkeit nicht schert. Ich schreibe anders, und niemand wird eine lebende Person als Vorbild einer meiner literarischen Gestalten erkennen – außer vielleicht die lebende Person selbst. Ein gutes Gefühl habe ich erst, wenn ich die lebende Person getroffen habe, nachdem sie das Buch gelesen hat, und merke, dass sie sich nicht erkannt hat oder nicht verletzt fühlt.

Einen vergleichbaren Test gibt es beim Schreiben über die Vergangenheit nicht. So über die Vergangenheit schreiben, dass niemand sich verletzt fühlt – es geht nicht. Die alten Juden, aus Deutschland vertrieben und dem Holocaust entkommen, denen ich bei Lesungen in Amerika wieder und wieder begegnet bin, wussten, dass Menschen keine Monster sein müssen, um monströse Taten zu begehen, sie verstanden, warum meine Generation sich schwer damit tut, respektierte und gemochte Angehörige der Elterngeneration schließlich als kompromittiert entlarvt zu sehen, und sie wussten auch, dass es eine Spannung zwischen Verurteilen und Verstehen geben kann. Sie fühlten sich durch das, was ich geschrieben hatte, nicht verletzt. Empörte und verletzte Reaktionen kamen aus den Generationen ihrer Kinder und Enkel. Bei dieser Vergangenheit gebe es nichts zu verstehen, nur zu verurteilen, und jemandem, der in ihr monströse Taten begangen habe, ein menschliches Gesicht zu geben sei obszön. Auch wenn die Reaktionen mich oft eigentümlich berührten, als wollten die Kinder und Enkel beim Schreiben über die Vergangenheit keine anderen als ihre Erfahrungen und keine anderen als die Geschichten ihrer Eltern und Großeltern dulden, als gehe es gewissermaßen um die Hoheit über die Vergangenheit, kann ich den Gefühlen der Empörung und der Verletztheit die Echtheit nicht absprechen. Aber ich kann auch nicht aufhören, meine Geschichten zu schreiben, wenn sie in dem gekennzeichneten doppelten Sinn stimmen.

Nein, beim Schreiben über die Vergangenheit gibt es keine Gewähr dafür, dass, wenn es nur stimmt, niemand sich verletzt fühlt. Es kann verletzen – wie die Vergangenheit verletzt hat und weiter verletzt.

Über die Liebe schreiben

Dass ich über die Liebe schreibe, haben mich erst meine Leser gelehrt. Ich weiß natürlich, dass sie sich lieben: Michael Berg und Hanna Schmitz, Gerhard Selb und Brigitte Lauterbach, Georg Polgar und Françoise Kramski, und ich wusste es auch, als ich über sie schrieb. Aber ich dachte, ich würde darüber schreiben, wie es diesen Paaren mit der Liebe ergeht, dem einen Paar auf die eine, dem anderen auf die andere und dem dritten auf eine dritte Weise.

Das Einzige, das beim Schreiben über die verschiedenen Paare als gleiches Problem auftauchte, war, wie sich über Sexualität schreiben lasse. Ich finde es nicht einfach. Wenn ich sexuelle Begegnungen und Erlebnisse beschrieben sehe, bin ich neugierig, wie andere Autoren das Problem lösen, und ich habe den Eindruck, auch sie finden es nicht einfach. Wenn einer es sich einfach macht und forsch über Schwanz und Möse oder Schwengel und Muschi oder Penis und Vagina schreibt, finde ich das peinlich. Vielleicht offenbart die Grenze der Sprache eine Grenze des Intimen, an der Behutsamkeit guttut.

Warum schreiben Sie über Sexualität, wie Sie über Sexualität schreiben – das hätte mir als Frage bei einer Lesung eingeleuchtet. Warum schreiben Sie über die Liebe, wie Sie über die Liebe schreiben – als mir diese Frage bei einer Lesung das erste Mal gestellt wurde, wollte ich zuerst sagen: Ich schreibe nicht über die Liebe. Aber dann wollte ich es wissen und fragte zurück: Wie schreibe ich Ihrer Meinung nach über die Liebe?

Worüber Sie schreiben, ist keine normale Liebe, war die Antwort. Hanna Schmitz ist doppelt so alt wie Michael Berg, das ist Missbrauch eines Minderjährigen. Gerhard Selb ist viel älter als Brigitte Lauterbach, und bei den Paaren in Ihren Geschichten nimmt es mit der Liebe kein gutes Ende. Können Sie nicht über normale Liebe schreiben?

Inzwischen habe ich oft Ähnliches gehört und in Briefen und E-Mails gelesen. Es hat mich gelehrt, wie verbreitet eine normative Vorstellung von richtiger Liebe ist. Richtige Liebe ist demnach Liebe zwischen ähnlich alten, ähnlich in der Welt und im Leben stehenden, ähnlich starken Partnern. Dass sie einander auf Augenhöhe begegnen, einander gewachsen sind, ist besonders wichtig. Bestehen hier Defizite, ist Verdacht angesagt, der Verdacht, dass der eine den anderen benutzt, dass es statt um Liebe um Nutzen geht. Wenn sich der Verdacht zum Missbrauchsverdacht steigert, ist der Weg zu Anklage und Verurteilung kurz. Entscheidendes Moment der normativen Vorstellung von richtiger Liebe ist, dass sie glücklich ist oder doch, wird ihr Verlauf in den Blick genommen, glücklich endet.

Woher kommt diese Vorstellung, die mir bei jungen nicht weniger als bei alten Lesern begegnet? Ist die normative Aufwertung der Liebe die Antwort auf die Abwertung der Institution Ehe? Soll die Aufwertung der Liebe die Abwertung der Ehe gesellschaftlich gewissermaßen ausbalancieren? Ist die normative Vorstellung von richtiger Liebe der Versuch, das von Traditionen nicht mehr festgeschriebene Verhältnis der Geschlechter zueinander inhaltlich neu festzuschreiben? Oder ist in unserer Welt das Sich-Finden und Sich-Trennen im Kollegen- und Bekanntenkreis, im Internet, in Singlebars und beim Speed-Dating so leicht, so arm an Leidenschaft geworden, dass die Liebe ihre Gestalt nicht mehr aus der Leidenschaft der Partner, sondern über normative Vorstellungen von richtiger Liebe erhalten muss? Ich weiß, dass es auch früher schon normative Vorstellungen von richtiger Liebe gegeben hat; in der Literatur begegnen sie oft als Fessel, gegen die gekämpft wird und die gesprengt werden muss. Aber diese früheren normativen Vorstellungen machten sich an Klassenschranken, Rollendefinitionen und Umgangsformen fest; die richtige Liebe spielte innerhalb einer Klasse, antizipierte die spätere Rollenverteilung von Mann und Frau in der Ehe und wahrte sexuelle Distanz, bis die Ehe geschlossen war. Die heutige normative Vorstellung zielt unter Ablehnung solcher äußerlichen Kriterien auf die Individuen, deren Alter, selbsterworbene Stellung, Gewicht und Gleichgewicht.

Wo immer die normative Vorstellung von richtiger Liebe herkommen mag – in meinen Antworten auf die Frage, warum ich nicht über normale Liebe schreibe, habe ich gegen sie zu halten versucht. Manchmal habe ich den Spruch zitiert, den Werner Bergengruen in *Der Großtyrann und das Gericht* Vittoria als Motto gibt und den er in der Antike fand: nil pluriformius amore, um zu zeigen, dass die Vielgestaltigkeit der Liebe, die sich dem normativen Zugriff entzieht, keine Erfindung von mir, sondern eine alte Wahrheit ist. Ich habe an die Frauen bei Gottfried Keller und Theodor Fontane erinnert, die ihren Partnern durchweg überlegen sind, an Gustave Flauberts Mme Bovary und Kate Chopins Mrs. Pontellier, an die Liebe von Gustav von Aschenbach zu Tadzio und von Humbert Humbert zu Lolita. Mein Eindruck ist, dass ich damit keinen Erfolg hatte, vor allem nicht mit der Erinnerung an die Liebe von Gustav von Aschenbach und von Humbert Humbert.

Die Auffassung, was immer gerade noch als Liebe gelten möge – bei dem, was Humbert Humbert für Lolita und was Gustav von Aschenbach für Tadzio empfindet, könne es sich nun wirklich nicht um echte Liebe handeln, verweist für die normative Vorstellung von richtiger Liebe auf ein weiteres Motiv. Vielleicht geht es bei der Norm, Liebe habe zwischen ähnlich Starken stattzufinden, auch um die Abwehr des Missbrauchs von Kindern im Vorfeld. Es wäre ein gutes Motiv und doch ein falsches.

Nicht nur in der Literatur, sondern auch im Leben kann das Gefühl für eine Lolita oder einen Tadzio echte Liebe sein. Auch Missbrauch ist vielgestaltig und hat viele Gründe. Liebe ist einer davon, und ich vermute, der Anteil der Priester ist nicht gering, die Kinder aus einem Bedürfnis nach Liebe missbrauchen, aus einem Bedürfnis, das die Gestalt der Liebe zum Kind annimmt, oder aus einem Bedürfnis, das so unerfüllt ist und unerfüllbar bleibt, dass es nur noch hastig grabschen kann. Wäre ich nicht Protestant, sondern Katholik, würde ich die Geschichte des Paters schreiben, der den Ministranten liebt. Nicht um den Missbrauch zu rechtfertigen oder auch nur zu entschuldigen – vermutlich gehört es sich, das deutlich zu sagen. Sondern weil es eine richtige, stimmige Liebesgeschichte werden könnte, die Geschichte einer trostlosen Liebe in einer lieblosen Institution. Über die Liebe schreiben heißt über die Lieben schreiben, die Liebe in ihrer Vielgestaltigkeit bewahren, sie vor dem normativen Zugriff schützen. Um der Liebe willen und um den falschen Schein zu zerstören, in der Welt ließe sich das Gute und das Böse, das Sichere und das Gefährliche reinlich scheiden: hier Liebe und da Hass, hier Liebe und da Grausamkeit, hier Liebe und da zerstörerische Eifersucht, hier Liebe und da Missbrauch.

2

Ist ein Gespräch nach einer Lesung bei der Frage angelangt, ob und wie ich über die Liebe schreibe, ist oft die nächste Frage, ob ich die Gestalten liebe, über die ich schreibe. Ich verstehe die Logik der Frage. Wenn ich nicht über die Liebe schlechthin schreibe, sondern nur über diese und jene Liebe – wie steht es dann mit meiner Liebe? Liebe ich die, über die ich schreibe? Schreibe ich, wenn ich über sie schreibe, über meine Liebe zu ihnen?

Ich will nicht meine eigene normative Vorstellung über die Liebe entwickeln. Ich will nicht ausschließen, dass ein Schöpfer seine Geschöpfe lieben kann. Ich kann es mir allerdings nur schwer vorstellen, sowohl bei Menschen als auch bei Gott. Genauer gesagt, ich kann es mir nur dann vorstellen, wenn die Geschöpfe nicht bloß Geschöpfe sind, sondern etwas mitbringen oder entwickeln, womit sie den Entwurf des Schöpfers hinter sich lassen. Ich erlebe, dass ich die Gestalten meiner Bücher für das liebe, wodurch sie über meine Schöpfung hinaus sind. Sie mögen es mitbringen, die Arme oder die Schlüsselbeine oder das Haar oder die Stirn oder das Lächeln oder den Blick oder die Verlegenheit oder den Witz oder den Scharfsinn oder den Mut dieser oder jener Person, die ich kenne und an die ich denke, wenn ich über eine Gestalt schreibe. Sie können es aber auch entwickeln, während ich über sie schreibe. Immer wieder begnügt sich eine Gestalt, über die ich schreibe, nicht mit dem, was ich ihr an Eigenschaften und Verhaltensweisen zunächst zugedacht hatte. Sie wächst darüber hinaus. Wie das geschehen kann? Jeder Ausdruck, jede Geste, jede Handlung, jedes Wort lässt sich auf mehr als eine Weise deuten und auch auf mehr als die Weise, an die ich dachte, als ich die Gestalt entwarf und über sie zu schreiben begann. Im Zusammenhang verschiedener Ausdrücke, Gesten, Handlungen und Worte werden die Deutungen, an die ich zunächst nicht dachte, manchmal plausibler und interessanter als die, an die ich zunächst dachte. Dann lässt mich die Gestalt nicht mehr mit sich machen, was ich eigentlich mit ihr machen wollte. Ich könnte sie zwingen. Aber ich mag das Gegenüber, zu dem sie sich verselbständigt hat. Vielleicht sind auch Gottes Geschöpfe über seine Schöpfung hinaus, und vielleicht liebt auch er sie eben dafür.

Es passiert nicht nur mit den positiv, sondern auch mit den negativ angelegten Gestalten. Auch sie wachsen über das hinaus, was ich ihnen zunächst zugedacht hatte. Und auch sie werden mir lieb, auch wenn sie unmoralisch, selbstsüchtig, rücksichtslos sind. Wie der Mutter auch das missratene Kind lieb ist? Nein, es ist anders. Der Mutter ist es ein Schmerz, dass das Kind missraten ist, und sie ist zwischen diesem Schmerz und der Liebe zum Kind hin- und hergerissen. Mir ist es kein Schmerz, dass meine Gestalten sind, wie sie sind. Die Wahrnehmung ihres Charakters und ihres Verhaltens als unerträglich, unmoralisch und sogar verbrecherisch und die liebende Nähe zu ihnen existieren konfliktfrei nebeneinander. Diese liebende Nähe lässt mich nicht nach Rechtfertigungen oder Entschuldigungen für ihren schlechten Charakter, ihr schlechtes Verhalten suchen, noch gefährden Charakter und Verhalten die liebende Nähe. Zwischen Schmerz und liebender Nähe hin- und hergerissen zu sein würde auch keinen Sinn machen; anders als die Mutter könnte ich dem Schmerz ja jederzeit die Grundlage entziehen.

Was ich davon halten soll, weiß ich nicht. Es lädt zu theologischen Spekulationen ein, etwa der, dass Gottes Liebe zu den Menschen vielleicht ganz falsch verstanden wird, wenn sie in Analogie zur Liebe der Eltern zu den Kindern verstanden wird. Eltern sind im Verhältnis zu ihren missratenen Kindern hin- und hergerissen. Dass das Kind missraten ist, können sie nicht ändern, und dazu, sich das Kind aus dem Herzen zu reißen, können sie sich auch nicht entschließen. Für den Schöpfer macht dieses Dilemma keinen Sinn. Vielleicht liebt Gott die Menschen, weil er sie geschaffen hat und weil sie zugleich etwas mitbringen oder entwickeln, mit dem sie sich zum Gegenüber verselbständigen. Aber obgleich sie sich verselbständigen – er hat sie geschaffen, er hat in ihnen angelegt, was sie missraten lässt, und er könnte ihrem Missraten jederzeit die Grundlage entziehen. Wie sollte Gott darüber hin- und hergerissen sein, wie sollte Gott lieben, wie Eltern lieben?

Ich bin vom Thema abgekommen. Wie immer es Gott mit seiner Liebe zu den Menschen gehen mag – manchmal irritiert mich, dass meine Wahrnehmung des schlechten Charakters und schlechten Verhaltens meiner Gestalten und die liebende Nähe zu ihnen so konfliktfrei nebeneinander existieren. Ist das Nebeneinander un- oder amoralisch? Ist es eine Un- oder Amoral, ohne die zu schreiben nicht möglich ist? Oder bin ich selbst un- oder amoralisch und gestehe es mir nur nicht ein? Gestehe es mir nicht ein, weil ich von einer Mutter aufgezogen wurde, für die die Welt vor allem ein Gefüge moralischer Normen war, und weil ich den Kant'schen Satz liebe, dass zwei Dinge das Gemüt mit immer neuer und zunehmender Bewunderung und Ehrfurcht erfüllen, der gestirnte Himmel über uns und das moralische Gesetz in uns?

Ich glaube, das konfliktfreie Nebeneinander von Wahrnehmung der Schlechtigkeit und liebender Nähe ist mehr als die bloße Vermeidung des eigentlich gebotenen Eingeständnisses von Un-

oder Amoral. Ich glaube, es geht nicht anders. Nicht, weil dieses Nebeneinander die Voraussetzung dafür wäre, die Gestalten zu verstehen, und weil ich die Gestalten verstehen müsste, um über sie schreiben zu können. Ich verstehe die Gestalten, über die ich schreibe, manchmal nicht besser als die Menschen, mit denen ich lebe. Ich glaube, es geht vielmehr um die Nähe, die zu einer Gestalt entstehen muss, damit man über sie schreiben kann. Sie ist so groß, dass sie nur liebend erlebt werden kann. Etwas Ähnliches erleben die Opfer eines Missbrauchs, einer Entführung oder Geiselnahme in der unentrinnbaren Nähe der Missbrauchs-, Entführungs- oder Geiselnahmesituation, und auch manche Ehen lassen sich ohne dieses sogenannte Stockholmsyndrom nicht begreifen. Nicht, dass mich meine Gestalten entführen oder missbrauchen würden. Die Ähnlichkeit besteht nur darin, dass unentrinnbare Nähe, wenn sie nicht unerträglich oder zerstörerisch werden soll, nur liebend erlebt werden kann.

Ich liebe Hanna Schmitz und Ferdinand Korten und die Männer und Frauen meiner Geschichten, die Leben, Liebe und Moral nicht zusammenbringen. Ich würde, wenn ich über ihn schriebe, auch den Priester lieben, der den Ministranten liebt und missbraucht. Wenn eine Gestalt, über die ich noch nicht schreibe, sondern mit der und deren Geschichte ich noch spiele, mich so packt, dass ich nicht anders kann, als über sie zu schreiben, dann ist, was die Gestalt mit mir, ihrem Autor, macht, vielleicht doch ein bisschen wie eine Entführung.

3

Manchmal ging nach einer Lesung das Gespräch über die Liebe noch weiter. Dann folgte auf die Frage, ob ich die Gestalten liebe, über die ich schreibe, die Frage, ob ich die Leser liebe, für die ich schreibe.

Ich verstehe auch die Logik dieser Frage. Wenn ich schreibe, gebe ich Einblick in mein Inneres, Eigenes, Privates, Intimes. Ich mache eine Tür zu mir auf, lasse sie ein bisschen geöffnet, lasse sie gewissermaßen angelehnt, und manche Leser verstehen die angelehnte Tür als Einladung und die Einladung als Ausdruck von Zuneigung. Es gibt Leser, die klopfen an, ehe sie die Tür aufmachen und hereinschauen. Andere Leser schauen einfach herein, tun es aber mit Charme. Wieder andere stehen plötzlich im Zimmer, besonders Schüler mit ihren Fragen: Was haben Sie sich gedacht, als Sie das Buch schrieben? Haben Sie erlebt, was im

Buch steht? Was wollen Sie den Lesern mit dem Buch sagen? Die Antwort eilt – die Schüler müssen in drei Tagen ein Referat über mich halten. Sie haben anscheinend den Eindruck, ich hätte mich ihnen mit dem, was ich geschrieben habe, werbend genähert und müsse jetzt auch für sie verfügbar sein. Einige wenige Male haben Leserinnen einen Roman oder eine Geschichte aufgenommen, als hätte ich ihnen einen Liebesbrief geschrieben, und haben mit einem Liebesbrief geantwortet.

Manches, was mir in der Fülle der Briefe und E-Mails erzählt wird, berührt mich, freut mich, macht mich traurig, beschäftigt mich. Manchmal ist einfach interessant, wie verstanden wird, was ich geschrieben habe, oder wozu sich meine Leser durch meine Bücher anregen lassen. Gelegentlich entsteht ein Briefwechsel, eine Briefbekanntschaft. Ich beantworte jeden Brief, jede E-Mail, mal knapper, mal länger, allerdings bekommt nicht jede Antwort, die auf meine Antwort kommt, wieder eine Antwort. Habe ich zu viel zu tun, wird mir die Korrespondenz mit den Lesern zu viel. Aber selbst dann noch erlebe ich die Fülle der Briefe und E-Mails als Reichtum und freue mich.

Hat, was derart zwischen meinen Lesern und mir passiert, mit Liebe zu tun? Liebhaber und Geliebter der Welt – so charakterisiert Adrian Leverkühn in Thomas Manns *Doktor Faustus* den Künstler und zweifelt, ob er selbst zum Künstler tauge, weil er weltscheu sei und es ihm an Wärme, Sympathie, Liebe mangele. Liebt der Autor seine Leser, und will er von ihnen geliebt werden? Oder zielt der Begriff des Liebhabers, den Adrian Leverkühn gebraucht, gar nicht auf die Liebe, sondern auf die Rolle des Liebhabers als das männliche Pendant zur Rolle der Mätresse? Ohne Weltläufigkeit, ohne Fähigkeit zu Wärme, Sympathie und Liebe ist die Rolle nur schwer zu spielen, aber die Fähigkeit ist eine Sache mehr des geeigneten Temperaments und der beruflichen Qualifikation als des tiefen Empfindens. Auch der Begriff des Geliebten schillert. Auch bei ihm lässt sich an beides denken, ans Geliebt-Werden und an das männliche Pendant zur Rolle der Geliebten.

Wie die Begriffe schillert auch das Verhältnis zwischen Autor und Leser. Wir wollen gelesen werden, und weil die Wertschätzung eines Buchs und die Wertschätzung seines Autors miteinander verknüpft sind, wollen wir jedenfalls so geliebt werden, dass wir gelesen werden. The proof of the cake is the eating – the proof of the book is the reading. Ein Buch schreiben, das nicht gedruckt oder das gedruckt und nicht gelesen wird – der Autor leidet, als habe er vergebens gelebt, und es hilft ihm nicht, wenn er nach seinem Tod berühmt wird. Autoren, die unter dem Nationalsozialismus oder Kommunismus nur für die Schublade schreiben, Maler, die nur für den Dachboden malen, Komponisten, die nur für die Partitur komponieren konnten – wie haben sie gelitten!

Das Buch muss kein Bestseller werden. Es soll in der Welt sein, mag der literarische und finanzielle Erfolg größer oder kleiner sein. Es ist schön, wenn das Buch literarischen und finanziellen Erfolg hat, und es ist ein Glück, wenn es ein Bestseller wird. Aber das sind Zugaben, erwünschte, erhoffte, willkommene Zugaben, aber Zugaben. Dass das Buch gedruckt und gelesen wird, ist der Beweis, dass es und sein Autor existieren.

Weil das nicht ohne die Leser geht, die das Buch und mit dem Buch in gewissem Maß auch den Autor lieben, wollen Autoren von den Lesern geliebt werden. Aber sosehr alle Liebe letztlich ein Geschenk ist, das man sich nicht verdienen kann, sondern das der andere einem macht oder nicht macht – die Liebe der Leser ist es besonders. Ich jedenfalls kann nicht um meine Leser werben, indem ich schreibe, was sie gerne lesen, was sie nachdenklich und glücklich macht. Ich kann nur schreiben, was ich schreiben kann.

Ich finde deshalb auch die Herablassung gegenüber Autoren, die verlässlich Bestseller schreiben, falsch. Die schreiben ja nur für den Publikumsgeschmack, lese ich bei Kritikern und höre ich von anderen Autoren, als sei die Sehnsüchte und Wünsche und Träume des Publikums zu erspüren und zu erfüllen nichts. Vielleicht verdrängt bei manchen die Absicht, den Publikumsgeschmack zu erspüren und zu bedienen, die Absicht, die Geschichte wahrhaftig zu erzählen. Dann zeugen ihre Bestseller mehr von einer psychologischen und soziologischen als einer literarischen Leistung. Aber bei anderen gilt die eigentliche Absicht dem wahrhaftigen Erzählen der Geschichte, geschieht das Erspüren und Erfüllen absichtslos und entsteht dabei verlässlich Bestseller auf Bestseller. Das verdient nicht Herablassung, sondern Bewunderung. Ich kann es nicht, ich habe nur manchmal Glück.

Autoren wollen geliebt, aber sie wollen zugleich auch gelassen werden. Sie wollen Geliebte in dem schillernden Sinn sein, den der Begriff hat: Sie wollen attraktiv genug sein, um in ihren Büchern gesucht und geliebt zu werden, und sie wollen in der Distanz bleiben, die die Rolle des oder der Geliebten schafft. Ebenso sind sie Liebhaber ihrer Leser: Es ist ihnen um die Leser, was wären sie ohne sie, aber sie wissen und schätzen, dass die Rolle des Liebhabers nicht die Hauptrolle ist. Weltscheu, meint Adrian Leverkühn, dürfe der Künstler nicht sein. Aber entsprechend dem Doppelsinn, in dem der Künstler Liebhaber und Geliebter der Welt ist, gilt auch hier: Der Schriftsteller darf weltscheu sein, und er darf es nicht sein. Er darf es nicht nur, er muss es sogar sein. Ich kann mir überhaupt nicht vorstellen, wie einer schreiben soll, ohne die Welt zu meiden und nur bei sich und dem Stoff zu sein, an dem er arbeitet. Ebenso kann ich mir aber auch nicht vorstellen, dass einer schreiben soll, ohne sich der Welt zuzuwenden und sich auf sie einzulassen. Er muss nicht auf die Frankfurter und nicht auf die Leipziger Buchmesse fahren, und er kann Lesungen, Interviews und Talkshows meiden. Er kann sich in der Einsamkeit des weiten Lands oder in der Anonymität der großen Stadt verstecken. Aber zum einen muss er die Welt aufnehmen, weil er nicht nur aus sich schöpfen kann. Zum anderen und vor allem will er, dass sein Buch in der Welt ist, und er will mit seinem Buch in der Welt sein. Das ist nicht Weltgier und kann mit Zufriedenheit mit kleinen Auflagen und mit Gelassenheit bei schlechten Kritiken einhergehen. Aber es ist auch nicht Weltscheu.

Über die Liebe schreiben – ich habe herausgefunden, dass ich über die Liebe nicht im Singular, sondern im Plural schreibe, dass ich meine Gestalten liebe und vermutlich, indem ich über sie schreibe, auch über meine Liebe zu ihnen schreibe, und schließlich, in welchem Sinn ich mich als Liebhaber und Geliebter der Leser sehen kann. Ist das, was ich über das Thema sagen kann?

Ich habe mir die Frage bei der Vorbereitung gestellt, wie ich sie mir bei der Vorbereitung eines wissenschaftlichen Vortrags stelle. Als müsste ich auch hier mein Thema erschöpfend behandeln oder, wissenschaftlich ausgedrückt, systematisch abschreiten. Als sei ich, einmal Professor für die Dogmatik des öffentlichen Rechts, immer auf Systematik, auf Vollständigkeit und Stimmigkeit verpflichtet. Liebe ich das Schreiben nicht auch, weil die Welt der Literatur anders als die Welt der Wissenschaft ist? Weil in ihr Konstellationen unvollständig und unstimmig und Probleme ungelöst bleiben dürfen und Widerspruch, Ambivalenz und Vagheit einen legitimen Platz haben? Die Universität Heidelberg hat mich nicht als Professor für öffentliches Recht eingeladen, sondern als Poetikprofessor. Ich muss nichts erschöpfend behandeln oder systematisch abschreiten. Ich kann tun und lassen, was ich will.

Aber was will ich? Ich frage mich und merke, es sind die Geschichten, es sind nur die Geschichten mit ihrer eigenen Wahrheit, die mich von der Verpflichtung auf die andere Wahrheit befreien, die das Denken über Themen bestimmt. Zu diesem Denken und seiner Verpflichtung auf die Wahrheit gehören Systematik, Vollständigkeit und Stimmigkeit einfach dazu. Vielleicht hätte ich die Poetikprofessur nicht unter ein Thema stellen und nicht Gedanken über das Thema versprechen sollen. Vielleicht hätte ich ankündigen sollen, über Bücher oder über Musik zu reden, die ich mag, oder aus meinem Leben oder über meine Freunde zu erzählen. Eine Vorlesung über Gottfried Keller, eine über Theodor Fontane und eine über Johann Sebastian Bach? Eine über Gerd Seeliger, eine über Michael Schröter, eine über Walter Popp? Aber hätte mich das von der Verpflichtung auf Systematik, Vollständigkeit und Stimmigkeit befreit? Auch Vorlesungen über Keller, Fontane und Bach, auch Vorlesungen über meine Freunde wären mir zu Vorlesungen über Themen geraten. Um mich von der Verpflichtung aufs Systematische zu befreien, hätte ich für meine Vorlesungen Geschichten ankündigen müssen.

Oder Elemente von Geschichten – vielleicht wäre es möglich, in den Vorlesungen mit Personen, Situationen, Handlungen und Plots so zu spielen, wie ich für mich damit spiele, nur laut statt leise. Es gibt da eine Geschichte, mit der ich schon lange spiele und bei der mindestens eine Szene auch in Heidelberg spielt, an dem Ort, der heute das Juristische Seminar ist und früher das Hotel Viktoria war. Ein Schriftsteller emigriert 1933 von Deutschland in die Schweiz oder in die USA – in welches der beiden Länder, ist eine der Fragen, die ich noch nicht geklärt habe – und ist dort so unglücklich, hat dort solches Heimweh, dass er 1938 zurückkehren will. Aber das nationalsozialistische Deutschland erneuert seinen Pass nicht umsonst, erlaubt ihm die Rückkehr nicht umsonst. Ohne Bekenntnis zum Nationalsozialismus, ohne Demütigung geht es nicht, und sein Heimweh ist so groß, dass er …

Aber was rede ich. Ich weiß, dass ich mit dem Thema »Über die Liebe schreiben« noch nicht am Ende bin und mich scheue, damit zum Ende zu kommen. Weil, was noch dazu gehört, eigentlich niemanden etwas angeht. Ich weiß, ich habe mir die Themen meiner drei Vorträge selbst gewählt und kann mich dem Thema »Über die Liebe schreiben« jetzt nicht verweigern, weil es niemanden etwas angeht. Manchmal sehe ich nicht, auf was ich mich einlasse, wenn ich ein Thema wähle und nenne, und merke, was es damit auf sich hat, erst, wenn ich darüber schreibe. So war es hier. Ich bitte dafür um Nachsicht und bitte um Nachsicht auch dafür, dass ich, was noch dazu gehört und eigentlich niemanden etwas angeht, kurz mache.

Indem ich darüber schreibe, wie die Gestalten meiner Bücher lieben, schreibe ich darüber, wie ich liebe. Lange konnte ich nur im Frühling über Frühling und nur im Winter über Winter schreiben. Wenn draußen die Sonne schien, fand ich es nahezu unmöglich, es beim Schreiben regnen zu lassen; der Regentag musste beim Schreiben warten, bis es auch draußen regnete. Ich schrieb in der Stadt leichter über Ereignisse in der Stadt und auf dem Land leichter über Ereignisse auf dem Land. Über Liebesglück zu schreiben, wenn ich in der Liebe unglücklich war, oder über Liebesleid, wenn ich glücklich war – es stand damit nicht anders. Und natürlich gingen der Frühling oder der Winter, der Sommer- oder Regentag, die Stadt oder Landschaft, die ich gerade erlebte, in das ein, was ich schrieb, und mit dem Liebesglück und -leid war es nicht anders.

Sie hätten sich ein bisschen mehr kreative Kraft von mir erhofft? Lassen Sie mich zu meiner Verteidigung zum Ersten vorbringen, dass ich immerhin niemanden abgebildet und bloßgestellt habe. Mein Liebesglück und -leid ist ins Schreiben eingegangen, nicht die geliebte Frau und nicht, was zwischen ihr und mir geschehen ist. Lassen Sie mich zum Zweiten vorbringen, dass es anderen, Größeren, nicht anders gegangen ist. Leo Tolstois Novellen *Eheglück* und *Kreutzersonate* spiegeln sein Eheglück und sein Kreuz mit der Ehe, und auch über das Liebesglück von Pierre und Natascha und Levin und Kitty schrieb er in *Krieg und Frieden* und *Anna Karenina,* als er selbst und Sofia glücklich verliebt waren. Zum Dritten ist es mit dem Frühling und Winter, dem Sonnenschein und Regen und der Stadt und der Landschaft besser geworden. Ich schaffe es inzwischen, an einem Regentag die Sonne scheinen oder es im hohen Sommer schneien zu lassen. Ich genieße es, wenn der Regen draußen in meine Geschichte regnen kann und die Blüten der Kastanien, auf die ich aus dem Fenster schaue, auch in der Geschichte blühen können. Aber es geht auch anders. Es geht sogar bei der Liebe anders.

Aber darum bleiben die Lieben, über die ich schreibe, mit ihrem Glück und Leid doch immer noch in der Nähe dessen, was ich selbst erlebt habe. Sie spiegeln es oder sind dessen Zerrspiegel –

wie wir uns im Spiegelkabinett dünner oder dicker oder sonst wie verwandelt begegnen. Oder sie spiegeln eine Liebesphantasie, einen Liebestraum, eine Liebesangst von mir und sind damit die Extrapolationen, Überhöhungen, Gegenentwürfe meiner Liebeserfahrungen. Ist, was Sie schreiben, autobiographisch, habe ich von meinen Lesern häufiger gehört und gelesen als jede andere Frage. Natürlich ist es autobiographisch, alles Schreiben ist autobiographisch. Zugleich bildet kein Schreiben einfach ab, was war, nicht einmal die Autobiographie. Manchmal hätte ich Lust, eine Frau zu fragen, ob sie unsere Liebe in diesem Roman oder in jener Geschichte wiedererkannt hat. Aber es würde nur meine Neugier befriedigen.

Systematisch habe ich das Thema »Über die Liebe schreiben« damit hoffentlich abgeschritten. In Geschichten lässt es sich nicht abschreiten, Gott sei Dank. In jeder neuen Geschichte einer Liebe ist auch die Liebe neu. Sie ist neu, selbst wenn der Autor eine alte Liebe, eine Kindheits- oder Jugendliebe erinnert und schreibt. Den eigenen Erinnerungen neu, farbig und kräftig zu begegnen gehört zum Glück des Schreibens. Den eigenen Liebeserinnerungen zu begegnen gehört zum Glück des Schreibens über die Liebe.

Über die Heimat schreiben

Immer wieder spielen meine Geschichten in Heidelberg. Zum einen, weil ich das selbst Erlebte, das in jede Geschichte eingeht, oft hier erlebt habe – ich habe fast mein halbes Leben hier gelebt. Zum anderen, weil ich auch das nicht selbst Erlebte mir oft hier vorstelle. Ich schreibe über einen Jungen, der in den 50er Jahren in einer deutschen Stadt aufwächst, über einen deutschen Studenten, der seiner amerikanischen Freundin seine Heimatstadt zeigt, über einen Witwer, der am Rand einer Stadt wohnt und in deren Mitte fährt – ich muss, was ich schreibe, vor mir sehen, und wenn sich keine anderen Bilder aufdrängen und ich keine anderen Bilder suche, stehen immer Heidelberg-Bilder bereit.

Dabei werden die Bilder der Stadt, der Häuser, Straßen und Plätze, der Straßenbahn und ihrer Haltestellen, des Verkehrs und der Menschen schwächer. Aber die Bilder der Landschaft bleiben. Ehe ich eine Gestalt in einer Geschichte vom Faulen Pelz zum Bismarckplatz schicke, muss ich die Strecke selbst wieder laufen. Ehe ich die Gestalt durch den Odenwald wandern lasse, werfe ich zwar einen Blick auf die Karte und vergewissere mich des Wegs, muss aber den Wald, seine Geräusche und seine Gerüche, die Ausblicke auf den Neckar und in die Ebene nicht noch mal erleben. Ich trage sie mit mir.

Wenn ich nach meiner Heimat gefragt werde, beschreibe ich die Berge und die Ebene, das Tal, das die Berge zur Ebene öffnet, und den Fluss, der breit genug unter den Brücken der Stadt fließt, um das Meer und die Welt zu verheißen. Wenn ich nach Heidelberg fahre, sei es mit dem Zug, sei es mit dem Auto, und die Berge und Steinbrüche des Odenwalds und den Einschnitt des Neckartals sehe, denke ich: Hier gehöre ich hin.

Das Gefühl, über meine Heimat zu schreiben, habe ich aber nicht nur, wenn ich über Heidelberg und seine Landschaft schreibe. Ich hatte es auch, als ich über die Ferien eines Jungen aus Heidelberg bei seinen Großeltern am Zürichsee schrieb. Ich habe dabei meine Ferien bei meinen Großeltern am Zürichsee erinnert. Aber was macht die Ferien der Kindheit zur Heimat? Dass sie Jahr um Jahr an demselben Ort bei denselben Menschen verbracht werden? Dass sie erstmals das Glück der Wiederholung erfahrbar machen?

Ja, die Ferien bei meinen Großeltern brachten Jahr um Jahr dasselbe. Für mich wurden meine Großeltern nicht älter; sie waren für mich alt und blieben alt, der Großvater mit kahlem Schädel, weißem Schnurrbart und festem Gang, die Großmutter in grauen und blauen Kleidern, mit grauem Haar und einem feinen Lächeln, das mich zugleich einschüchterte und bezauberte. Jedes Jahr machten wir dieselben Wanderungen, Schiffsfahrten und Museumsbesuche. Jedes Jahr standen dieselben Arbeiten im Garten an. Jedes Jahr führte derselbe Weg zum Milch- und Käseladen, zur Fleischerei, zum Konsum und nach den Einkäufen an den See, wo wir die Schwäne und Enten mit altem Brot fütterten.

Aber auch die Ferien meiner Kindheit, die sich nicht Jahr um Jahr wiederholten, sind für mich Heimat. Ich war nur wenige Sommer bei meiner Tante im Tessin. Aber das rote Haus, in dem sie in Monti über Locarno wohnte, die Drahtseilbahn, die von Locarno nach Monti führte, die Straße von der Drahtseilbahn zum Grundstück, der Weg durch den Garten zum Haus, mit Kieseln gepflastert, der See und die Berge, auf die der Blick aus dem Haus ging – auch daran erinnere ich mich als Heimat, wie an die Welt der Großeltern am Zürichsee.

Ein Sommer hat mich dem Ort besonders verbunden. Ich war zwölf, mein Onkel war gerade gestorben, und weil meine Tante nicht alleine bleiben sollte und ich nach langer Krankheit die Sommerferien um eineinhalb Rekonvaleszenzmonate verlängert bekam, verbrachte ich den ganzen Sommer bei ihr. Es war meine erste Begegnung mit Tod und Trauer und meine erste Erfahrung von Überforderung und Vergeblichkeit. Ich liebte meine Tante, meinte, ich müsste und könnte ihr helfen, und scheiterte Nacht um Nacht. Ich schlief im Bett meines Onkels, wachte auf, hörte sie weinen und konnte sie nicht trösten. Ich hatte meinen gelassenen, gebildeten, lebensklugen, humorvollen Onkel gemocht und vermisste ihn. Aber was es bedeutet, den Mann zu verlieren und um ihn zu trauern, begriff ich nicht, wie sollte ich auch; ich sah nur, dass meine Tante litt und dass ich sie nicht trösten, dass ich sie bestenfalls ein bisschen ablenken konnte. Zugleich genoss ich den Sommer mit meiner Tante, das Haus und die Stadt, die gelegentlichen gemeinsamen Unternehmungen, die seltenen Besucher, eine weitere Witwe, immer in Schwarz gekleidet, einen kettenrauchenden, geigespielenden alten Freund meines Onkels, eine ältere Malerin mit ihrem jugendlichen Liebhaber, ein Ehepaar aus der Nachbarschaft – ich hatte das Gefühl, das alles sei mein geworden, und mit demselben Gefühl, über meine Heimat zu schreiben, mit dem ich über die Ferien eines Jungen aus Heidelberg bei seinen Großeltern am Zürichsee schrieb, werde ich eines Tages die Geschichte eines Jungen erzählen, der einen Sommer bei seiner Tante im Süden verbringt, deren Mann gerade gestorben ist.

Wenn die Ferien der Kindheit also nicht Jahr um Jahr an demselben Ort bei denselben Menschen verbracht werden müssen, um Heimat zu werden, was ist es dann, das sie zur Heimat macht? Ein überschaubarer und geschützter Ort? Verbunden mit einer eindringlichen, prägenden, bleibenden Erfahrung – für mich bei den Großeltern der Erfahrung des Glücks der Wiederholung und bei der Tante der Erfahrung von Überforderung und Vergeblichkeit?

Oder sind die Ferien der Kindheit Heimat, weil die Kindheit insgesamt Heimat ist? Die Kindheit mit Eltern und Geschwistern zu Hause, mit Lehrern, Klassenkameraden und -kameradinnen in der Schule, in den Abenteuern freier Nachmittage und Abende, in den Ferien? Ist die Kindheit Heimat, weil von ihr alles ausgeht, weil hinter sie nichts zurückführt? Ist Heimat eben das: der Anfang, an dem wir noch eins mit uns und eins mit der Welt sind? An dem wir zwar Fragen über Fragen haben, aber uns selbst noch nicht fraglich geworden sind? An dem uns die Menschen und die Welt Rätsel über Rätsel aufgeben, aber noch keine, über denen wir an den Menschen und an der Welt zweifeln würden?

Die Vorstellung von der Kindheit als Heimat erklärt viel. Wir richten uns an einem Ort ein und fühlen uns an ihm wohl, haben Familie und Beruf, tragen Verantwortung und finden Anerkennung und nennen, wenn uns jemand fragt, wo wir zu Hause sind, diesen Ort. Aber manchmal können wir nachts nicht schlafen oder kommen tags ins Träumen und spüren Sehnsucht, ein Fernweh, das voller Wehmut ist, weil wir wissen, dass wir, wonach wir uns sehnen, auch in der Ferne nicht finden werden. Es ist Heimweh als Fernweh. Die Vorstellung von der Kindheit als Heimat erklärt auch, warum wir Heimweh verspüren können, obwohl wir an den Ort zurückgekehrt sind, den wir als unsere Heimat empfinden und bezeichnen. Wir sind wieder da, in der Stadt oder in der Landschaft, die wir aus der Ferne als Heimat erinnert und vermisst haben, und es wird Abend, der Wind wird kühl und der Himmel dunkel, in den Fenstern gehen die Lichter an, die Glocken läuten, und uns zieht Heimweh ins Herz. Mit welchem Recht? Mit keinem, wenn Heimat der Ort oder die Landschaft ist. Mit allem Recht, wenn sie die hier ver-brachte Kindheit ist, zu der es anders als zum Ort und zur Landschaft keine Rückkehr gibt.

Vielleicht ist die Vorstellung von der Kindheit als Heimat sogar die Erklärung, warum alle Religion lehrt, dass unser Leben ein Leben im Exil und dass das Leben im Exil Teil der conditio humana ist. Die Juden haben es besonders konkret erlebt. Aber auch der Christ weiß, dass er in dieser Welt, aber nicht von dieser Welt ist. Für den Muslim ist das Leben flüchtig und warten die eigentlichen Freuden im Paradies und die eigentlichen Qualen in der Hölle; für den Hindu macht die Seele nur Stationen auf ihrer Wanderung; für den Buddhisten ist seine Individualität nur ein Stadium auf dem Weg ins Nirwana. Das Zu-Hause-Sein, nach dem wir uns sehnen und das wir nicht haben können, weil es in der Kindheit oder sogar im Bauch der Mutter war, verspricht uns die Religion im Jenseits. Gibt es Heimat nur als Versprechen der Religion und im Jenseits, dann bleibt sie im Diesseits Utopie.

2

Aber mir reicht die Vorstellung von der Kindheit als Heimat nicht – wie mir auch die Vorstellung von Heimat als Ort oder Landschaft nicht reicht. Denn immer wieder habe ich das Gefühl, über meine Heimat zu schreiben, obwohl ich weder über die Kindheit noch über die Landschaft schreibe, an die ich denke, wenn ich an Heimat denke.

Unter den Geschichten, die ich im Winter abgeschlossen habe, spielt eine in einem Haus in den Bergen in Massachusetts. Ich habe es kurz gesehen, als ich eine Freundin begleitete, die in der Gegend ein Haus kaufen wollte und viele Häuser und darunter auch dieses Haus besichtigte. Es lag im Wald, an einer Wiese mit Apfelbäumen und Fliederbüschen und einem Teich mit einer Trauerweide, mit Blick auf die nächsten Berge. Ein schmaler, geschotterter Weg führte durch ein langes Tal von der Straße zum einsam gelegenen Haus; als wir davorstanden, war kein anderes Auto zu hören, sondern nur das Rauschen des Winds im Wald, eine eigentümlich eintönige Vogelstimme und das gelegentliche Bellen eines Froschs. Das Haus, zweihundert Jahre alt, zweistöckig, aus Holz gebaut, mit einem Keller und einer Räucherkammer, beides aus Feldsteinen gemauert, hatte Charme, war aber zu heruntergekommen, um wiederhergestellt werden zu können. Wir liefen hindurch, soweit die Böden noch trugen, rochen das faulende Holz und den modernden Stoff der Vorhänge und des Bettzeugs, der in den Zimmern auf dem Boden lag, und waren froh, als wir wieder draußen waren. Monatelang dachte ich nicht mehr an das Haus.

Aber als ich mit der Geschichte zu spielen begann, in der ein Paar mit kleiner Tochter aus New York in ein Haus in den Bergen von Massachusetts zieht, stellte sein Bild sich sofort ein. Ich suchte nicht in meiner Erinnerung nach dem Bild eines Hauses und kam dabei auf das eine und das andere und schließlich auf dieses Haus; es war da, noch ehe die Frau und der Mann und die Tochter Gestalt angenommen hatten. In der Geschichte ziehen die drei in das Haus ein, und mir war, als ziehe ich mit der Geschichte in das Haus ein, mit der Geschichte, bei der noch manches offen war, in das Haus, das bereits feststand. Vor dem Einzug musste das Haus renoviert werden und konnte dies auch, anders als in Wirklichkeit. Aber davon abgesehen entsprach, was ich über das Haus schrieb, der Wirklichkeit.

Während ich die Erzählung schrieb, während

ich immer wieder mit dem Mann zum Haus fuhr, vor dem Haus stand, durch das Haus ging, in einem der Zimmer saß oder schlief oder aus einem der Fenster sah, hatte ich immer mehr das Gefühl, über meine Heimat zu schreiben. Ich begann, mich nach dem Haus im Wald zu sehnen; es wurde für mich zum Inbegriff des Hauses auf dem Land, das ich immer wieder gerne hätte. So, dachte ich, so müsste es sein: ein altes Haus, ein Haus im Wald und doch mit Weite und Blick, ein Haus mit Teich und Wiese und Obstbäumen. Ein alter Traum von mir ist, im Herbst ein nervöses Fieber zu bekommen, wie in einem Roman aus dem 19. Jahrhundert, fiebrig durch den Winter zu dämmern und im Frühling unter blühenden Obstbäumen wieder zu Kräften und Sinnen zu kommen, in einen rohrgeflochtenen Liege- und Lehnstuhl gebettet und in Decken gehüllt. Wenn dieser Traum im Haus im Wald in Massachusetts wahr würde!

Nun ist das Haus im Wald auch für den Mann in meiner Geschichte die, allerdings trügerische, Erfüllung einer Heimatsehnsucht. Er sieht sein Ehe- und Familienglück in New York, wo seine Frau als erfolgreiche Schriftstellerin viel gefragt und viel unterwegs ist, gefährdet, will es durch ein Leben fern vom Getriebe der Stadt und vom Kultur- und Medienbetrieb retten und hängt sein ganzes Herz an das Haus im Wald. Hatte ich deswegen das Gefühl, über meine Heimat zu schreiben, als ich über das Haus im Wald schrieb? Ich glaube nicht. Zwar mag ich alle Gestalten, über die ich schreibe. Aber darum identifiziere ich mich nicht mit ihnen. Hatte mein Gefühl seinen Grund einfach darin, dass das Haus im Wald so gebaut und so gelegen war, dass es mich zu Heimatphantasien einlud, nicht schon beim kurzen Besichtigen, aber beim längeren beschreibenden Verweilen?

Aber auch bei Orten, die nicht zu Heimatphantasien einladen, kann ich beim Schreiben das Gefühl haben, über meine Heimat zu schreiben. In einer Geschichte, die mich seit langem begleitet und beschäftigt, die aber noch nicht an dem Punkt ist, dass ich sie schreiben könnte, erlebt der Protagonist, was ich vor mehr als dreißig Jahren erlebt habe. Ich war mit dem Bus unterwegs durch Amerika und hatte in Tucson einen Kollegen getroffen, der wie ich über den Einsatz künstlicher Intelligenz in Rechtswissenschaft und -praxis arbeitete, mit mir seine und meine Projekte diskutiert, mir den großen Kakteengarten der Stadt gezeigt, mich zum Essen eingeladen und schließlich bei dem Busbahnhof abgesetzt hatte, von dem ich weiterfahren würde. Es war ein heißer, trockener Nachmittag, der Platz, auf dem die Busse hielten, war schäbig, staubig, leer. Am Rand des Platzes war ein Laden, in dem es Getränke, Sandwichs und eine Musikbox gab, und ich fand unter den Platten *Little Girl Blue* von Janis Joplin, kaufte eine Cola, warf das Geld ein und drückte die Knöpfe. Dann stand ich vor dem Laden, trank die Cola und hörte dem Lied zu. Meine Frau und ich hatten uns getrennt, bevor ich für ein halbes Jahr nach Amerika aufgebrochen war, und die Sehnsucht nach unserem gemeinsamen Leben und nach meinem dreijährigen Sohn quälte mich jeden Tag und jede Nacht. Aber als ich an dem Busbahnhof in Tucson stand, gab es nichts, das mich gequält, nichts, das mich auch nur beschäftigt hätte. Es war ein Moment, in dem ich nichts dachte, sondern nur war, das Lied hörte, auf den staubigen Platz sah, die Hitze spürte und die Kälte der Flasche in der Hand. Ich war angekommen, und wenn der Tod über den Platz gekommen und mir zugenickt hätte, jetzt sei es so weit, hätte ich zurückgenickt.

Warum habe ich, wenn ich die Situation und die Geschichte, in der sie eine zentrale Rolle spielt, in Gedanken schreibe, das Gefühl, über meine Heimat zu schreiben? Zu Heimatphantasien lud der Busbahnhof in Tucson nicht ein. Gibt es ein Heimatgefühl des Entrückt-Seins, des von allen Verpflichtungen, allen Verbindungen, allen Gedanken

Befreit-Seins, des Bei-sich-Seins? Können wir uns selbst Heimat sein? Ist Heimat doch keine Utopie?

Ich weiß es nicht. Vielleicht bin ich mit der Erzählung deshalb noch nicht an dem Punkt, dass ich sie schreiben könnte. Mir fallen noch mehr Situationen ein, die nicht zur Heimat taugen und nicht zu Heimatphantasien einladen und doch bei mir eine Art Heimatgefühl des Entrückt-, Befreit- und Bei-mir-Seins wecken, ein nicht so intensives Gefühl wie die Situation in Tucson, aber immerhin ein ähnliches: lange Flüge über das Meer, lange Fahrten mit der Bahn, Situationen geduldigen, gelassenen Wartens, das Liegen im Krankenbett, wenn ich meinen Frieden damit gemacht habe, dass ich nichts tun kann, sondern krank bin. Ich kann mir auch vorstellen, dass ein gutes Sterben mit diesem Gefühl einhergeht. Aber der Gedanke, wir könnten uns selbst Heimat sein, erscheint mir, auch wenn ich noch nicht mit ihm fertig bin, doch falsch. Heimat ist ein anderer, ein größerer Zusammenhang, zu dem wir uns verhalten, nach dem wir uns sehnen und von dem wir uns abwenden können. Heimat ist ein Gegenüber, selbst wenn es ein nicht fassbares, nicht erreichbares, ein utopisches Gegenüber sein sollte.

3

Nein, wenn sich beim Schreiben das Gefühl, über die Heimat zu schreiben, einstellt, muss es eine andere Bewandtnis haben, und ich glaube, ich weiß auch, was für eine. Lassen Sie mich ein bisschen ausholen.

Seit der Reise durch Amerika, die ich erwähnt und bei der ich in Tucson Station gemacht habe, bin ich immer wieder in Amerika gewesen. Zuerst bin ich dort einfach gereist, dann habe ich in Kalifornien eine Ausbildung als Masseur gemacht, schließlich habe ich dort zu schreiben begonnen. Ich hatte einen Freund in Kalifornien gefunden, einen Maler mit großer Wohnung in San Francisco und später großem Haus und großem Gartenhaus in Sebastopol, der mich über Wochen bei sich wohnen und schreiben ließ. Ein anderer Freund, den ich in den 70er Jahren als Stagiaire bei der EWG in Brüssel kennengelernt hatte und der in den 80er Jahren Investmentbanker in New York geworden war, hatte ein Haus im Norden des Staates New York, in das ich mich, wenn er es, wie meistens, nicht nutzte, zum Schreiben zurückziehen konnte. Ich habe einen Großteil dessen, was ich geschrieben habe, in Amerika geschrieben. Später kamen die zunächst gelegentlichen, dann regelmäßigen Semester an der Benjamin N. Cardozo School of Law in New York dazu, die Kontakte, Projekte und Freundschaften mit den amerikanischen Kollegen, das Unterrichten, Vortragen und schließlich auch Schreiben auf Englisch.

Ich schreibe inzwischen die wissenschaftlichen Arbeiten, die in Amerika erscheinen, gerne selbst auf Englisch. Früher ließ ich sie ins Englische übersetzen, aber das Ergebnis hat mich nie überzeugt. Im Englischen denkt es sich anders als im Deutschen, konkreter, direkter, persönlicher, und ich merkte, dass ich, was ich für das amerikanische wissenschaftliche Publikum sagen wollte, besser auf Englisch dachte und schrieb als auf Deutsch, dass ich lieber die Fehler, die ich dabei machte, von einem Amerikaner korrigieren ließ, als den deutsch gedachten und geschriebenen Text ins Englische übersetzen zu lassen. Auch andere als wissenschaftliche Texte schreibe ich auf Englisch, wenn es gewissermaßen Gebrauchstexte sind, ein Vortragsmanuskript oder ein Essay zu dem Thema eines Buchs, das ich geschrieben habe, eine Rezension, ein Exposé für einen Film. Einen literarischen Text auf Englisch zu schreiben, kann ich mir dagegen nicht vorstellen. Ich stelle es mir geradezu schmerzhaft vor – wie ich nach einer Weile das Unterrichten und sogar die Konversation auf Englisch als schmerzhaft empfinde. Es ist immer das Gleiche: Ich komme wieder nach Amerika, finde mein Englisch zuerst holprig, merke dann, dass es besser und besser wird, habe nach einer Weile das Gefühl, jetzt laufe es gut, um nach noch mal einer Weile zu spüren, wie ich an meine Grenzen stoße. Mir fehlt nicht nur oft das richtige Wort; auch mit dem Wortschatz, den ich habe, kann ich nicht so spielen, wie ich gerne spielen würde, und Witz, Ironie, Anspielungen, Metaphern und Allegorien bleiben Glückssache und gehen leicht fehl. Gewiss, ich kann versuchen, mit dieser meiner Grenze zu spielen, aber selbstironisch zu sein, ohne kokett zu werden, ist wieder Glückssache.

Ich bin im Englischen nicht wirklich zu Hause und müsste, wollte ich im Englischen wirklich zu Hause sein, das Deutsche aufgeben.

Nicht dass ich, auch wenn es manchmal schmerzhaft wird, das Leben mit und in der anderen Sprache nicht genösse. Mit der anderen Sprache erschließt sich die andere Welt. Ich verstehe nicht, wie manche Emigranten und Exilanten sich der anderen Sprache verweigern konnten. Ich bewundere Vladimir Nabokov neben vielem anderen dafür, dass er in zwei Sprachen schreiben konnte. Aber er tat es nicht gleichzeitig; er schrieb seine frühen Werke auf Russisch und seine Haupt-

und späten Werke auf Englisch. Er gab das Russische nicht in den Jahren in England oder Deutschland oder Frankreich auf, sondern erst mit der Überfahrt in die USA, und er behielt das Englische bei, auch als er die USA wieder verließ. Die Überfahrt war der Bruch, die bewusste Abwendung von Russland, die bewusste Hinwendung zu Amerika. Wo ich bin, ist Russland – Vladimir Nabokov hätte es in Amerika nicht gesagt.

Der Satz stammt von Thomas Mann nach der Übersiedlung nach Amerika. »Wo ich bin, da ist Deutschland.« Wo ich bin – das meinte, wo ich mit der deutschen Kultur lebe und für sie stehe, wo ich mit der deutschen Sprache lebe und in ihr schreibe. Da ist Deutschland – das meinte, da ist alles, was für mich an Deutschland zählt und was ich an Deutschland brauche. Thomas Mann hat sich von Amerika aus in Aktionen, Aufrufen und Ansprachen gegen den Nationalsozialismus und seine Verbrechen engagiert. Aber der Satz lässt verstehen, warum sein Engagement nicht eigentlich der Rettung Deutschlands, sondern dem Kampf gegen die Verbrechen galt und warum er nach dem Krieg nicht nach Deutschland zurückgekehrt ist.

War Thomas Mann bewusst, dass sein Satz an »So weit die deutsche Zunge klingt, ist des Deutschen Vaterland« erinnert, den im 19. Jahrhundert sprichwörtlich gewordenen Satz, zu dem eine Strophe aus Ernst Moritz Arndts Lied *Des Deutschen Vaterland* verkürzt wurde? Das Lied stammt von 1814, als der deutsche Nationalismus noch im Zustand der Unschuld war, begeistert, aber nicht fanatisch, kämpferisch, aber nicht mörderisch, kulturell statt staatlich und integrativ statt imperialistisch. Wenn Thomas Mann die Nähe bewusst war, dann ist sein Satz die bewusste Rückführung eines von der Gemeinschaft geträumten, von ihr aber in einen Alptraum verkehrten Traums auf den Einzelnen. So weit die deutsche Zunge klingt? Nein, nur so weit ich mit der deutschen Kultur und der deutschen Sprache lebe.

Aber ganz hat der Satz seine Unschuld nicht verloren. 1958, ich war vierzehn und besuchte am Kurfürst-Friedrich-Gymnasium die Obertertia, schrieb das Kultusministerium einen Preis für eine Ferienarbeit über eine deutsche Stadt aus. Zusammen mit meinem Klassenkameraden Günther Rüger wählte ich Küsnacht am Zürichsee, die mir in den Ferien bei den Großeltern liebgewordene kleine Stadt, über die ich, was ich historisch schon wusste und noch lernte, in das Format eines Aufsatzes mit Einleitung, Hauptteil und Schluss brachte und deren Wappen und Ansichten und

Karten mein begabter Klassenkamerad künstlerisch gestaltete. Ein anderer Freund, der ebenfalls an dem Wettbewerb teilnahm und über Breslau schrieb, ohne revanchistische Absichten, einfach weil seine Familie aus Breslau kam und er die Fotografien und Erzählungen über die Stadt mochte, fragte mich, was die Schweizer Stadt Küsnacht im Wettbewerb zu suchen habe. Ich fragte meinen Großvater, und den Satz von Ernst Moritz Arndt, auf den er hinwies, fand ich überzeugend und schrieb ich in die Einleitung. Des Deutschen Vaterland – das hatte für mich nichts mit Staatsgewalt und Staatsgrenzen zu tun. Es bedeutete für mich, dass ich die Menschen verstand und die Menschen mich verstanden, dass mir die Dinge und Verhältnisse vertraut waren, dass ich mich zu Hause fühlte. Es bedeutete vor allem anderen, dass ich Deutsch sprechen konnte.

4

Ich sagte, ich würde ein bisschen ausholen, und Sie mögen sich fragen, ob ich über dem Ausholen das Thema aus dem Auge verloren habe. Nein, ich bin immer noch bei der Frage, wann es geschieht und was es bedeutet, dass ich über die Heimat schreibe.

Die Antwort ist, dass ich mir im Schreiben die Heimat schaffe. Ich schreibe über etwas und mache es damit zu der Heimat, über die ich schreibe. Dabei meine ich, wenn ich vom Schreiben rede, nicht das Zu-Papier-Bringen, sondern den Prozess, der damit beginnt, dass ich mit Personen, Situationen und Handlungen spiele, und der mit dem Zu-Papier-Bringen noch nicht endet, sondern erst mit dem Abschicken des Manuskripts an den Verlag. Wenn ich es abgeschickt habe, ist die Heimat nicht abgetan; worüber ich geschrieben habe, bleibt meine Heimat.

So sind mir das Haus in den Bergen in Massachusetts und der Busbahnhof in Tucson Heimat geworden, und so sind mir Küsnacht am Zürichsee und Monti über Locarno nicht nur in Erinnerung geblieben, sondern Heimat geworden. Sogar Heidelberg ist als Heimat von einer Präsenz, von der es nicht wäre, wenn ich nicht immer wieder darüber geschrieben hätte. Es gibt weitere Orte, die mir im Schreiben Heimat geworden sind; Amorbach gehört dazu, Mannheim, Manhattan. Immer muss ich den Ort kennen, ehe ich über ihn schreibe, und je besser ich ihn kenne, desto mehr wird er mir beim Schreiben Heimat. Orte, die ich erfinde oder die ich nur über Bilder, Stadtpläne und Landkarten kenne, werden es nicht, mögen die Bilder noch so gut und mag der Maßstab der Pläne und Karten noch so groß sein, und auch der kurze Besuch, bei dem ich überprüfe, ob ein Blick, der nach dem Plan oder der Karte möglich erscheint, tatsächlich möglich ist, ändert daran nichts.

Immer muss an dem Ort etwas von Bedeutung passiert sein, nichts Spektakuläres, nichts Grundstürzendes, aber etwas, das mich beim Schreiben beschäftigt. In Küsnacht war es das Glück der Wiederholung und in Monti die Erfahrung von Überforderung und Vergeblichkeit, beim Haus in den Bergen das Trügerische der Erfüllung der Sehnsucht nach Heimat und auf dem Busbahnhof das Erlebnis des Entrückt-, des Befreit-, des Bei-mir-Seins. Was war es in Heidelberg? Es war die Kindheit, von der alles ausgeht und hinter die nichts zurückführt, der Anfang, an dem wir zwar Fragen haben, aber uns noch nicht fraglich geworden sind, an dem uns die Menschen und die Welt Rätsel aufgeben, aber noch keine, über denen wir an den Menschen und der Welt zweifeln oder gar verzweifeln würden.

Ich mache den Ort, über den ich schreibe, zu meiner Heimat, indem ich in meiner Sprache über ihn schreibe. Es ist wie ein Werben; ich will den Ort genau sehen und hören und riechen, ich will seinen Zauber und sein Geheimnis erfassen, ich will die Augen schließen und ihn spüren. Ich habe immer wieder vor der Natur geschrieben; ich habe mich auf eine Bank oder in ein Café gesetzt, von wo ich sah, was in der Geschichte oder im Roman vorkommen sollte, und habe es so präzise und so anschaulich zu beschreiben versucht, wie es mir nur möglich war. Die Beschreibung ist manchmal so oder so ähnlich in die Geschichte oder den Roman eingegangen, manchmal nicht. Es ging mir nicht so sehr darum, vor der Natur einen Text zu schreiben, der später nur noch eingesetzt werden muss. Es ging mir darum, mir den Ort anzueignen.

Wie sollte ich das in einer fremden Sprache können! Schon mit meinem Deutsch stoße ich an Grenzen und will neue Wörter und neue Wendungen erfinden. Wenn ich dem Drang nachgebe, streiche ich das Ergebnis beim Überarbeiten stets wieder, und das ist auch gut so. Die Sprache ist reich genug. Aber ich brauche sie mit ihrem ganzen Reichtum, schon um die Orte zu beschreiben und erst recht dazu, sie zu beleben und zu erzählen, was an ihnen, in ihrer Nähe und auf der Reise hin zu ihnen oder weg von ihnen geschieht.

Wo ich schreibe, wo ich auf Deutsch schreibe, da ist meine Heimat, da schaffe ich sie mir in den Orten, über die ich schreibe. Ich werde gelegentlich gefragt, ob mir bei meinen Aufenthalten in Amerika die deutsche Sprache nicht fehlen würde, ob ich nicht Deutsch sprechen und hören müsste, um auf Deutsch schreiben zu können. Nach Amerika auszuwandern kann ich mir in der Tat nicht vorstellen; ich würde die Kirchglocken vermissen, die in Amerika nicht läuten, und die Amsel, die dort nicht singt, und den Besitz der Natur, der dort anders als hier auf Nationalparks beschränkt ist, und natürlich die deutsche Sprache. Aber bei meinen Aufenthalten fehlt mir die deutsche Sprache nicht. Die Aufenthalte haben mir die Sprache vielmehr näher gebracht und teurer gemacht. Und dass ich mir meine Heimat in den Orten schaffe, über die ich auf Deutsch schreibe, wäre mir wohl nicht so bewusst geworden, wenn ich es nicht beim Schreiben in Amerika erfahren hätte.

Ähnliches muss Vladimir Nabokov auf der Überfahrt erlebt und Thomas Mann nach seiner Übersiedlung gemeint haben. Auf verschiedene Weise: Nabokov entschloss sich, die alte Heimat hinter sich zu lassen und sich auf eine neue einzulassen, Mann nahm die alte Heimat mit. Ich will nichts weniger als mich mit Vladimir Nabokov oder Thomas Mann vergleichen. Sie sind mir in diesem Zusammenhang wichtig, und ich führe sie an als Kronzeugen dafür, dass in dem, was ich erfahre, etwas Allgemeines steckt. Heimat ist, was wir lebendig halten und wo wir es lebendig halten, und das Schreiben ist ein besonders intensives, besonders reiches Lebendig-Halten.

Ist Heimat also doch keine Utopie? Wie man es nimmt. Dass Heimat ein Ort sei, der irgendwo liegt, von dem wir ausgegangen sind und an den wir zurückkehren können, scheint mir in der Tat eine utopische Vorstellung zu sein. Wohin wir zurückkehren, ist nie, von wo wir ausgegangen sind. Ich kenne auch keine literarische Behandlung einer Heimkehr, bei der sich nicht Bitteres ins Süße mischt, ein Schmerz, eine Trauer, Enttäuschung, Resignation. Der Ort ist nicht mehr, was er war, und die Menschen sind es erst recht nicht, und selbst wenn sie es wären, wären sie es nicht für den Heimkehrer, der selbst nicht mehr ist, wer er war. Nein, Heimat als der geographisch dingfest zu machende Ort ist eine Utopie. Sogar eine gefährliche: Die Vorstellung eines Rechts auf Heimat als den geographisch dingfest zu machenden Ort führt zum Haben- und Nehmen-Wollen, zu Konflikten und Kriegen mit dem besten Gewissen, weil es doch nur um die selbstverständlichste aller Selbstverständlichkeiten geht, die Heimat.

Mit der Heimat, die wir uns schaffen und lebendig halten, ist es etwas anderes. Sie gehört uns, niemand macht sie uns streitig, und niemandem müssen wir sie streitig machen. Wenn wir sie mit anderen teilen, wird sie nicht weniger, und wenn andere sie nicht mit uns teilen und wir sie trotzdem haben wollen, können wir das, ohne ihnen etwas wegzunehmen. Sie ist begrenzt, aber ihre Grenzen sind flexibel, und wir können nach Lebens- und Reiselust mehr oder weniger davon haben. Sie hat ihren Ort in Büchern, auf der Bühne und auf der Leinwand, letztlich in unseren Köpfen und Herzen.

5

Damit bin ich am Ende angekommen, am Ende dieser Vorlesung und am Ende dieses kleinen Vorlesungszyklus. Ich danke Ihnen für Ihr Kommen und für Ihre Aufmerksamkeit. Manche Gesichter habe ich von Vorlesung zu Vorlesung wiedererkannt, und es hat mir wohlgetan.

Dies ist die erste Einladung zu einer Poetikprofessur, die ich angenommen habe, und es ist die letzte. Ich habe der Versuchung der Heimat nicht widerstehen können. Aber über der Vorbereitung habe ich gemerkt, was ich schon ahnte: Ich will mir eigentlich keine Gedanken über das Schreiben machen, nicht über mein eigenes Schreiben und auch nicht über das Schreiben anderer. Ich will schreiben.

Danksagung

Ich danke der Universität und der Stadt Heidelberg für die Einladung zu den Heidelberger Poetikvorlesungen 2010 und Frau Privatdozentin Dr. Michaela Kopp-Marx für deren Organisation, für ihre freundliche Betreuung und für ihre Anregungen zum Druck der Vorlesungen.

Bernhard Schlink

Bernhard Schlink
im Diogenes Verlag

Selbs Justiz
Zusammen mit Walter Popp
Roman

Privatdetektiv Gerhard Selb, 68, wird von einem Chemiekonzern beauftragt, einem ›Hacker‹ das Handwerk zu legen, der das werkseigene Computersystem durcheinanderbringt. Bei der Lösung des Falles wird er mit seiner eigenen Vergangenheit als junger, schneidiger Nazi-Staatsanwalt konfrontiert und findet für die Ahndung zweier Morde, deren argloses Werkzeug er war, eine eigenwillige Lösung.

»Bernhard Schlink und Walter Popp haben mit Gerhard Selb eine, auch in ihren Widersprüchen, glaubwürdige Figur geschaffen, aus deren Blickwinkel ein gesellschaftskritischer Krimi erzählt wird. Und das so meisterlich, dass sich das Ergebnis an internationalen Standards messen lässt.«
Jürgen Kehrer/Stadtblatt, Münster

1992 verfilmt von Nico Hofmann unter dem Titel *Der Tod kam als Freund,* mit Martin Benrath und Hannelore Elsner in den Hauptrollen.

Die gordische Schleife
Roman

Georg Polger hat seine Anwaltskanzlei in Karlsruhe mit dem Leben als freier Übersetzer in Südfrankreich vertauscht und schlägt sich mehr schlecht als recht durch. Bis zu dem Tag, als er durch merkwürdige Zufälle Inhaber eines Übersetzungsbüros wird – Spezialgebiet: Konstruktionspläne für Kampfhubschrauber. Polger gerät in einen Strudel von Ereignissen, die ihn Freund und Feind nicht mehr voneinander unterscheiden lassen.

Anlässlich der Criminale 1989 in Berlin mit dem Glauser, Autorenpreis für deutschsprachige Kriminalliteratur, ausgezeichnet.

Selbs Betrug
Roman

Privatdetektiv Gerhard Selb sucht im Auftrag eines Vaters nach der Tochter, die von ihren Eltern nichts mehr wissen will. Er findet sie, aber der, der nach ihr suchen lässt, ist nicht ihr Vater, und es sind nicht ihre Eltern, vor denen sie davonläuft.

Selbs Betrug wurde von der Jury des Bochumer Krimi Archivs mit dem Deutschen Krimi Preis 1993 ausgezeichnet.

»Es gibt wenige deutsche Krimiautoren, die so raffinierte und sarkastische Plots schreiben wie Schlink und ein so präzises, unangestrengt pointenreiches Deutsch.« *Wilhelm Roth / Frankfurter Rundschau*

Der Vorleser
Roman

Eine Überraschung des Autors Bernhard Schlink: Kein Kriminalroman, aber die fast kriminalistische Erforschung einer rätselhaften Liebe und bedrängenden Schuld.

»Eine aufregende Fallgeschichte, so gezügelt wie Genuss gewährend erzählt. Das sollte man sich nicht entgehen lassen, weil es in der deutschen Literatur unserer Tage hohen Seltenheitswert besitzt.«
Tilman Krause / Tagesspiegel, Berlin

»Nach drei spannenden Kriminalromanen ist dies Schlinks persönlichstes Buch.«
Michael Stolleis / Frankfurter Allgemeine Zeitung

»Ein bezwingendes Buch, weil eine Liebesgeschichte so erzählt wird, dass sie zur Geschichte der Geschichtswerdung des Dritten Reiches in der späten Bundesrepublik wird.«
Mechthild Küpper / Wochenpost, Berlin

Auch als Diogenes Hörbuch erschienen,
gelesen von Hans Korte

Liebesfluchten
Geschichten

Anziehungs- und Fluchtformen der Liebe in sieben Geschichten: als unterdrückte Sehnsüchte und unerwünschte Verwirrungen, als verzweifelte Seitensprünge und kühne Ausbrüche, als unumkehrbare Macht der Gewohnheit, als Schuld und Selbstverleugnung.

»Wieder schafft es Schlink, die Figuren lebendig werden zu lassen, ohne alles über sie zu verraten – selbst wenn ihn gelegentlich sein klarer, kluger Ton zu dem einen oder anderen Kommentar verführt. Ein genuiner Erzähler.« *Volker Hage / Der Spiegel, Hamburg*

Die Geschichte *Der Seitensprung* ist
auch als Diogenes Hörbuch erschienen,
gelesen von Charles Brauer

Selbs Mord
Roman

Ein Auftrag, der den Auftraggeber eigentlich nicht interessieren kann. Der auch Selb im Grunde nicht interessiert und in den er sich doch immer tiefer verstrickt. Merkwürdige Dinge ereignen sich in einer alteingesessenen Schwetzinger Privatbank. Die Spur des Geldes führt Selb in den Osten, nach Cottbus, in die Niederlagen der Nachwendezeit. Ein Kriminalroman über ein Kapitel aus der jüngsten deutsch-deutschen Vergangenheit.

»Schlink ist der brillante Erzähler, der mit der Klarheit und Nüchternheit eines Ermittlungsrichters die Geschichte auf ihr Ende zusteuert. Dieses Ende ist konsequent und immer überraschend.«
Rainer Schmitz / Focus, München

Vergewisserungen
Über Politik, Recht, Schreiben und Glauben

Wer an der Entwicklung der Gesellschaft manchmal verzweifeln möchte, dem sei dieses Buch empfohlen: Kompetent und in klarer, schöner Prosa zeigt es, was alles nicht zwangsläufig und unaufhaltsam ist und dass es Werte und Hoffnungen gibt, auf die zu setzen lohnt.

»Das wirklich Meisterhafte an Schlinks ruhig dahinfließender Prosa ist ihre Intelligenz. Es ist, ganz im Sinne seiner amerikanischen Vorbilder, eine Intelligenz des *common sense*. Sie liegt im Vermögen, Fragestellungen und Problemzusammenhänge anschaulich werden zu lassen.«
Tilman Krause / Die Welt, Berlin

Die Heimkehr
Roman

Im Fragment eines Heftchenromans über die Heimkehr eines deutschen Soldaten aus Sibirien entdeckt Peter Debauer Details aus seiner eigenen Wirklichkeit. Die Suche nach dem Ende der Geschichte und nach deren Autor wird zur Irrfahrt durch die deutsche Vergangenheit und offenbart auch Peter Debauers Geheimnisse.

»Schlink gelingt eine atemberaubende Engführung von Nazi-Vergangenheit, Nachkriegs- und Wendegeschichte, Liebesdrama und schließlich gewichtiger Probleme

der politischen Theorie. Er komponiert das brisantest
denkbare Material zu einem spannenden Roman.«
Marius Meller / Der Tagesspiegel, Berlin

»Die Heimkehr ist ein spannender und blendend ge-
schriebener Roman.«   *Le Monde, Paris*

Auch als Diogenes Hörbuch erschienen,
gelesen von Hans Korte

Vergangenheitsschuld
Beiträge zu einem deutschen Thema

Die Beiträge behandeln die Kollektivschuld der Kriegs-
und der Nachkriegsgeneration, deren Auseinander-
setzung mit dem Nationalsozialismus und seinen Fol-
gen, die Leistung des Rechts bei der Bewältigung von
schuldbelasteter Vergangenheit und die Möglichkeit
von Vergebung und Versöhnung. Sie sind in den letzten zwei Jahrzehnten aus der Beschäftigung mit den
Erfahrungen und Verstrickungen der eigenen Generation und aus der Begegnung mit Freunden, Kollegen
und Studenten aus den neuen Bundesländern entstan-
den, wo der Autor im Jahr der Wende an der Hum-
boldt-Universität Berlin zu unterrichten begann.

Das Wochenende
Roman

Nach 20-jähriger Haft hat ihn der Bundespräsident
begnadigt. Zum ersten Wochenende in Freiheit lädt
seine Schwester die alten Freunde ein. Für sie ist das
Leben weitergegangen. Und für ihn? Was bleibt von
der Zeit der Gewalt? Legenden? Bewältigung? Sprach-
losigkeit?

»Ein kammerspielartiges Familiengeflecht, das mehr
verrät über die Verstrickung in Ideologie und Gewalt
als alle politischen Analysen. Die Parameter, die Schlink
zur Erklärung der Eskalation der sechziger, siebziger

Jahre heranzieht, sind elementar und darum treffend und überzeugend. Der Autor entwirft ein Setting, dem man sich weder intellektuell noch emotional entziehen kann.« *Tilman Krause / Die Welt, Berlin*

»Es ist Bernhard Schlink ein spannendes Buch gelungen, dessen Verlauf man atemlos folgt, verfasst in ebenso klarer wie schlicht-schöner Prosa. Es enthält den ganzen, bis heute unverdauten Konfliktstoff der Terror-Tage. Ein wichtiges Buch.«
Michael Kluger / Frankfurter Neue Presse

Auch als Diogenes Hörbuch erschienen,
gelesen von Hans Korte

Sommerlügen

Geschichten

»Der Tag, an dem sie aufhörte, ihre Kinder zu lieben…« So beginnt die Geschichte einer Frau, die merkt, dass das, was ihrem Leben Sinn gegeben hat, nicht mehr trägt. Sie macht sich auf die Suche, trifft den Mann wieder, den sie als Studentin geliebt hat wie er sie. Hat sie damals die falsche Entscheidung getroffen? Ein Sohn will endlich wissen, wer sein Vater ist, und macht mit ihm eine Reise. Ein Mann, unheilbar krank, arrangiert einen Sommer mit den Seinen, um in den Tod zu gehen, wenn das Leben noch schön ist. Ein Passagier hört auf einem Flug die Lebensbeichte seines Sitznachbarn – oder sind es lauter Lügen? Warum versucht ein junger Mann und Vater seine erfolgreiche Frau vor der Welt zu verstecken? Was treibt einen Liebenden, seine Geliebte wieder und wieder zu belügen und in den Lügen sie und sich selbst zu verlieren? Und wie löst man die Stricke, mit denen einen das alte Leben hält, wenn späte Liebe ein neues Leben verspricht?
Die Lügen, mit denen wir leben, behutsam aufzudecken ist der Kern dieser unbestechlich klaren, schwermütig schönen Erzählungen.

»So spannend die Geschichten erzählt sind, so hinter-
sinnig sind sie auch. Jenseits aller literarischen Moden
hat dieser Autor noch den Mut, in kleiner Form auch
immer an die großen Fragen zu rühren. Sie sorgen
dafür, dass diese sieben Geschichten von Bernhard
Schlink wieder lange nachhallen.«
Tilman Krause / Die Welt, Berlin

Auch als Diogenes Hörbuch erschienen,
gelesen von Hans Korte

Außerdem erschienen:
Selb-Trilogie
Selbs Justiz / Selbs Betrug / Selbs Mord
Drei Bände im Schuber
Auch als Diogenes Hörbuch im MP3-Format erschienen,
gelesen von Hans Korte